신나는 법 공부!

신 나는 법 공부!
어린이 생활 속 법 탐험이 시작되다!

초판 1쇄 발행 2015년 11월 30일
초판 3쇄 발행 2019년 5월 20일

지은이 장보람
그린이 박선하
펴낸이 이지은 **펴낸곳** 팜파스
책임편집 박선희
디자인 조성미 **마케팅** 정우룡
인쇄 케이피알커뮤니케이션

출판등록 2002년 12월 30일 제 10-2536호
주소 서울특별시 마포구 어울마당로5길 18 팜파스빌딩 2층
대표전화 02-335-3681 **팩스** 02-335-3743
홈페이지 www.pampasbook.com | blog.naver.com/pampasbook
이메일 pampas@pampasbook.com

값 11,000원
ISBN 979-11-7026-053-0 (73360)

ⓒ 2015, 장보람

· 이 책의 일부 내용을 인용하거나 발췌하려면 반드시 저작권자의 동의를 얻어야 합니다.
· 잘못된 책은 바꿔 드립니다.

이 도서의 국립중앙도서관 출판시도서목록(CIP)은 서지정보유통지원시스템 홈페이지(http://seoji.nl.go.kr)와 국가자료공동목록시스템(http://www.nl.go.kr/kolisnet)에서 이용하실 수 있습니다.(CIP제어번호: CIP2015030467)

신 나는 법 공부!

어린이 생활 속 법 탐험이 시작되다!

변호사 선생님이 들려주는 흥미진진한 법 지식과 리걸 마인드 키우기!

장보람 글 · 박선하 그림

팜파스

어린이 친구들에게

✏️ 아, 진짜! 법 좀 지키라고!

　엄마가 오늘 저녁까지 방 청소를 끝내 놓으라고 하셨어요. 동생과 함께, 누가 방 청소를 할 것인지 게임으로 한 명 정하기로 했어요. 게임의 룰은 간단했어요. 거실의 이쪽 끝에서 병뚜껑을 튕겨서, 거실의 다른 쪽 끝에 그어진 선에 가장 가까이 놓으면 승리하는 것이지요.

　손가락으로 병뚜껑을 튕겨 선 가까이에 놓는 게임은 처음에 무척 간단할 거라고 예상했어요. 그런데 실제로 해 보니 쉽지 않았어요. 헛 손가락질을 여러 번 해서 기회를 놓치기도 하고, 또 너무 힘을 주어 병뚜껑이 선을 지나쳐 버리기도 했어요.

　정말 청소는 하기 싫어서, 게임에서 꼭 이기고 싶었어요. 그래서 동생이 자기 병뚜껑이 집중해 있는 동안 슬쩍 제 병뚜껑을 선 쪽으로 발로 밀었지요. 그런데 그 순간 들리는 동생의 카랑카랑한 목소리!

"아, 진짜! 법 좀 지키라고!!"

그 말을 듣고 너무 놀라 동생을 쳐다보았어요. 뭔가 대단한 잘못을 한 것 같고, 또 미안한 마음도 들었어요. 그런데 이런 게임에서도 법이라는 게 있는 걸까요?

✏️ 법은 사람과 사람 간의 약속

흔히 법(法)이라고 하면, 뉴스에 나올 법한 큰 범죄를 저지른 사람들에게만 필요한 거라고 생각해요. 평범한 나와는 아무런 상관이 없는 것이라 생각하기 쉽지요. 그런데 법은 의외로 우리 생활 주변에 아주 가까이에서도 찾아볼 수 있어요.

학교 가는 길에 횡단보도를 건널 때도, 우리 반 반장 선거를 할 때도, 시험을 볼 때도, 학원에서 친구들과 어울릴 때도, 컴퓨터로 인터넷을 할 때도, 모두 눈에 보이지는 않지만 관련 법률들이 존재한답니다.

법은 사람과 사람 간의 약속이에요. 우리가 사회생활을 시작하는 순간부터, 다른 친구들과 사람들에게 지켜야 할 약속이 바로 법이지요.

🖉 생활 가까이에 있는 법률

사회가 복잡해지고, 다양해질수록 그와 관련된 법률은 점점 늘어나요. 인터넷을 지금처럼 활발하게 사용하지 않던 시대에는 인터넷 관련 법률은 없었어요. 인터넷에서 누군가에 관한 잘못된 정보를 퍼뜨리거나, 비방을 하는 행위 자체가 거의 없었으니까요. 그런데 지금은 인터넷상에서 일어나는 일들에 관한 법률이 많아졌어요. 예전보다 인터넷을 활발하게 사용하고 그와 관련된 문제와 분쟁도 늘어났으니까요.

그뿐만이 아니에요. 여러분이 매일 생활하는 초등학교에서도 법률의 역할은 더욱 강조되고 있어요. 학교에서 일어나는 폭력, 왕따 문제 등 예전과 비교할 수 없는 수준의 일도 많이 일어나고 있기 때문이지요.

옛날에는 '법 없이도 산다'는 말이 있을 정도로, 법을 몰라도 별다른 피해를 보지 않았다고 해요. 하지만 현대사회에서는, 오히려 법을 정확히 알아야 서로에게 피해를 주거나 받지 않을 수 있답니다.

요즈음 가장 활발하게 일어나는 층간 소음 분쟁을 예로 들어 볼까요? 아파트 위층에 사는 아이들이 매일 방방 뛰는 바람에 아래층에 사는 고3 수험생이 공부를 제대로 할 수 없다면 어떻게 할까요? 깜깜한 밤에도 아이들이 뛰는 바람에 아래층 사람이 잠을 제대로 잘 수 없다면요?

처음에는 위층에 올라가서 항의를 하겠지만, 여러 번 항의해도 별다른 변화가 없다면 결국 큰 싸움으로 번지게 될 거예요. 최근에는 실제로 무시무시한 살인 사건까지 일어나서 층간 소음이 단순히 서로 이해하고 넘어갈 문제가 아니라는 것이 알려지게 되었어요. 그래서 층간소음 규칙을 제정하고, 층간 소음으로 분쟁이 일어난 경우에 이를 해결할 수 있는 중재기구를 마련하였지요.

✏️ 이로네와 온정이네의 이야기

이처럼 법은 어렵고, 멀리 있는 것이 아니라, 세상을 살아가는 데 가장 필요한 지식 중에 하나에요. 이 책은 이로네와 온정이네의 이야기를 통하여 우리 생활에서 흔히 일어날 수 있는 여러 상황에 적용하는 법률 지식을 소개하고 있어요. 이를 통해 어린이 친구들이 저절로 리걸마인드(legal mind)를 갖추고, 법적 호기심이 피어날 거예요. 또한 어떤 것이 올바른 판단인지 스스로 생각해보는 활동도 있어, 어린이 친구들이 법의 시야를 가지고 자신만의 주장을 펼쳐나가 봤으면 합니다.

우리 생활 가까이에서 일어나는 법률 공부, 이 책과 함께 쉽고, 신나게 시작해 볼까요?

장보람

등장인물

이로네 집 사람들은 모두 '법', '법'!
법으로 해결하는 것이 합리적이고 편한 것이라 생각한다.

 **정이로(남) : 법치초등학교 5학년 3반**

우리의 주인공, 이로는 이름의 발음처럼 '정의로' 모든 것을 해결하려 한다.
오로지 법만 믿고, 사소한 어떤 것이라도 법으로 해결하려 하는
사고를 지녔다. 미래의 변호사를 꿈꾸고 있다.

 정도은 : 정이로의 고모. 변호사. 37세

깐깐하고, 무엇 하나 쉽게 넘어가는 법이 없다.
오로지 일밖에 모르고, 모태솔로라 남자친구를 단 한 번도 사귄 적이 없다.

온정이네 집 사람들은 법도 중요하지만, 법만으로 해결하는 것은 오히려 불합리할 수 있다고 보고, 인간애, 인권 등에도 가치를 둔다.

유온정(여) : 법치초등학교 5학년 3반

3반 반장이자, 1등인 온정이는 정이로와 같은 반 친구다.
이름에 '정'이 있듯 정의로운 것은 정해진 법대로만 해결하는 것이 아니라 평등과 균형에 있다고 생각한다.

유익한 : 유온정의 삼촌. 인권운동가. 34세

철학, 문학, 음악, 미술, 공학 등 전 분야에 걸쳐 박식한 지식을 갖추었다.
뿐만 아니라, 훤칠한 외모를 가진 인권운동가다. 스위스에 있는 국제기구에서 일하다 최근에 한국에 돌아왔다.

차례

어린이 친구들에게 ...4

수학문제 답안지의 행방은? ...12
절도의 범위, 저작권, 형법 이야기

천 원만 빌려 줘! ...30
상법, 채무와 채권의 관계, 소송 이야기

우리를 미치게 만드는 드러머 ...44
손해배상, 재산권 이야기

학교 운동장은 대체 누구 꺼야? ...60
소유권, 개인 재산과 행정 재산의 구분

축제에서 두근두근! ...76
인권과 기본권, 다문화 이야기

교통사고는 과연 누구 잘못?! ...92
도로교통법, 과실 이야기

왕따 당하는 친구에게 도움을! ...108
미성년자의 형법, 폭행과 강도죄 이야기

누구의 말이 맞는 것일까? ...124
법률 토론, 찬성과 반대

유익한이 경찰서에?! ...136
민주주의와 국민의 권리, 집회의 자유 이야기

그럼 우리는 가족이 되는 거야? ...150
가족법, 상속, 가족의 법적 절차와 증명

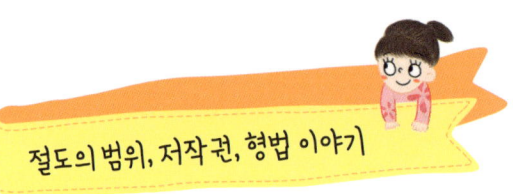

절도의 범위, 저작권, 형법 이야기

수학 문제 답안지의 행방은?

오늘도 평화로운 법치초등학교 5학년 3반, 급식을 먹은 직후라서 그런지 아이들의 표정이 모두 밝다. 그러나 행복도 잠시! 반장 온정이는 카랑카랑한 목소리로 아이들을 향해 외친다.

"얘들아, 어제 선생님께서 숙제로 내 주신 수학 문제 답안지, 점심시간이 끝나기 전까지 여기 책상 위로 제출해 줘!"

그 순간, 아이들의 표정이 아주 각양각색이다. 이미 숙제를 잘 해 왔다는 듯이 여유만만한 아이, 허둥거리며 가방에서 답안지를 찾는 아이, 옆 친구와 답을 맞춰 보느라 정신없는 아이 등. 하지만 그중에서도 단연 시선을 끄는 아이가 있었으니 바로 박승재다.

"으악, 뭐지. 숙제가 있었는지 전혀 생각도 못했네. 야, 정이로. 나 답 좀 보여 주라. 어?"

이로는 승재의 말에 코웃음을 쳤다. 승재로 말할 것 같으면, 단 한 번도 숙제를 제때 낸 적이 없는 5학년 3반의 영원한 골칫덩어리다. 이로는 승재와 3학년 때부터 단짝 친구라, 승재의 단순한 꼬임에 넘어갈 리가 절대 없다. 이로는 팔짱을 낀 채 입을 열었다.

"승재야. 내가 너를 하루 이틀 보는 것도 아니고. 내일도 숙제를 해 오지 않을 게 뻔하잖아? 지금 내가 답을 보여 준다 한들 무슨 의미가 있겠는가."

이로의 장난스러운 사극 말투에 승재는 인상을 팍 찌푸렸다. 승재는 콧방귀를 흥 뀌며 이로처럼 사극 말투로 대꾸했다.

"됐다! 내가 너를 모르느냐? 너한테 부탁을 하느니 차라리 내가 푸는 게 빠르지. 네가 잘 모르는 모양인데, 내가 숙제를 하기 싫어서 안 하는 거지, 결! 코! 머리가 나빠서 못한 게 아니야."

승재는 어디서 나오는 자신감인지 당당하게 말한다. 이로는 승재의 허세를 보며 쯧쯧 혀를 찼다. 이로는 자신의 손목시계를 가리키며 이제 점심시간이 겨우 10분 남았다는 것을 알리며 어깨를 으쓱했다.

"참 나, 걱정은 노, 노, 노!"

승재는 손가락을 흔들며, 자신 있게 선생님께서 나눠 주신 수학 문제지를 펼쳐 보았다. 문제를 보는 순간 너무도 어려워서 승재의 동공이 흔들렸으나, 다행히 이로가 보지 못했다. 이로가 승재 옆으로 다가와 은근슬쩍 물었다.

"어때? 어렵지? 진짜 이걸 10분 안에 다 풀 수 있겠어?"

"야, 정이로. 걱정하지 마. 이따 내가 숙제를 냈는지, 못 냈는지 보면 알 것 아니야."

이로가 마치 자신의 능력을 시험하는 듯한 질문을 하자 승재는 곧 다시 허세를 피웠다. 바로 그때 뒤에서 온정의 카랑카랑한 목소리가 들려왔다.

"이로야, 이것 좀 도와줘!"

온정의 두 팔에는 분리수거할 종이들이 가득 들려 있었다. 이로가 온정이에게서 종이들을 받아 들자, 온정이는 이로에게 앞으로 할 일을 설명하기 시작했다.

"이로야, 네가 이번 주 주번이니까, 이 종이들을 다 하나하나……."

"아, 유온정. 알았어, 알았어. 이건 저기에, 저건 여기에 구분해 두라는 거잖아."

이로가 이미 다 안다는 듯, 온정의 말을 자르며 척척 설명해 나갔다. 온정이는 그런 이로의 모습을 보고는 풋 웃으며 말했다.

"오, 정이로. 너 주변의 달인 같다. 크크."

한편, 승재는 머리가 아파오기 시작했다. 10분 내에 이 수학 문제지를 해결해야만 한다.

'박승재, 머리를 쓰자, 머리를!'

우선 이 많은 문제를 10분 안에 푸는 것은 무리다. 그렇다면 어떤 방법이 있을까! 누군가의 답을 베끼고 싶지만, 이로한테 문제를 풀 수 있다고 호언장담한 터라 그마저도 쉽지가 않다. 답을 베끼고 있으면 이로가 다가와서 자신을 놀릴 것을 생각하니 약이 올랐다. 이런저런 생각에 혼란스럽던 순간, 승재의 눈에는 온정의 수학 답안지가 눈에 들어왔다. 열린 가방 안에서 수학 답안지가 빼꼼히 보였다.

'뭐지? 온정이는 아직 제출 안 했잖아? 가만있어 봐. 그렇다면, 이름만 지워서 내 이름으로 다시 적으면······.'

승재는 뒤를 돌아 이로와 온정이를 보았다. 이로와 온정이는 종이들을 잔뜩 들고 이야기를 나누고 있었다.

'지금이야!'

승재는 주변 아이들이 모두 자신을 바라보지 않는다는 사실을 확인한 후, 재빨리 온정의 가방에서 수학 답안지를 꺼냈다. 그러고는 온정의 이름을 지우고, 자신의 이름을 적어 넣었다.

"으아, 이상하다. 내가 분명 어제 가방에 넣어 두었는데……."

평소 침착하던 온정이가 가방을 뒤집으며 당황해하자 반 아이들이 모두 온정의 자리에 몰려왔다. 물론 승재도 그 곁에 있었다.

"왜? 답안지 안 가져왔어?"

이로가 묻자, 온정이는 고개를 끄덕거렸다. 순간 승재의 눈동자가 불안하게 움직였다. 다행히 아무도 승재의 그런 모습을 눈치 채지 못했다. 온정이가 답안지를 집에 두고 온 것 같다고 말하자 승재는 모든 것이 완벽하게 돌아간다고 생각했다.

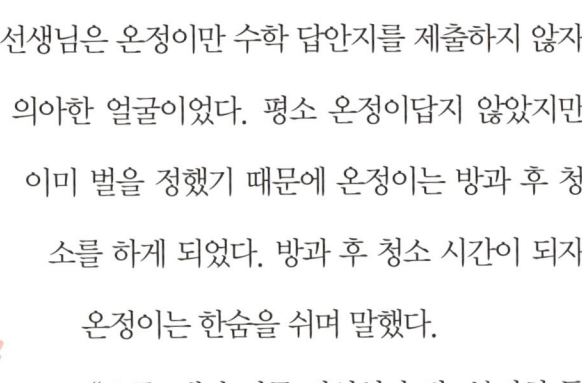

선생님은 온정이만 수학 답안지를 제출하지 않자 의아한 얼굴이었다. 평소 온정이답지 않았지만 이미 벌을 정했기 때문에 온정이는 방과 후 청소를 하게 되었다. 방과 후 청소 시간이 되자 온정이는 한숨을 쉬며 말했다.

"요즘, 내가 너무 정신없나 봐. 분명히 들

고 왔는데. 자꾸 뭔가 잃어버리고 그러네."

"야, 나도 그래. 넌 만날 전교 1등이니까 이렇게 한 번쯤 빈틈도 보여 줘야지. 그래야 애들도 널 편하게 생각하지."

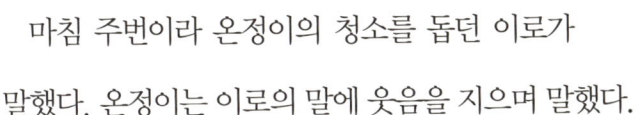

마침 주번이라 온정이의 청소를 돕던 이로가 말했다. 온정이는 이로의 말에 웃음을 지으며 말했다.

"근데 너야말로 빈틈이 안 보이는데? 너 지금 빗자루를 든 손이 너무 빨라서 안 보여. 장난 아니야. 정말 주번의 달인이었어. 히히."

온정이의 농담에 이로는 푸핫 하고 웃음을 터트렸다. 둘이서 한참 웃다가 문득 이로의 머릿속을 스치는 생각이 있었다.

"근데, 온정아. 이상하지 않아?"

이로의 말에 온정이는 무슨 소리냐는 표정을 짓자 이로가 말을 이어갔다.

"네가 아까 집에 놓고 온 게 아닌 것 같다며. 그럼 답안지가 어딘가로 사라졌다는 건데, 학교에서 없어진 거라면 혹시……."

이로는 아까 승재와 있었던 일을 온정이에게 이야기했다. 그러면서 친구를 의심하는 것은 나쁜 것이지만, 잘못된 것을 알려주는 것이 친구를 위하는 길이라고 생각한다는 말을 덧붙였다. 이로는 분명히 승재가 10분 동안 그 많은 문제를 절대 풀 수 없을 거라고 생각했다. 온정이는 이로의 말을 듣고는 고개를 설레설레 저었다.

"정이로, 넌 네 이름처럼 '정의롭게' 좀 생각해 봐. 3학년 때부터 단짝인 친구를 다짜고짜 의심하는 게 옳아?"

"그럼! 친구가 규칙과 법을 어기고 나쁜 길로 간다면, 당연히 바로잡고 벌을 받게 하는 게 진정한 친구가 아니겠는가!"

"저, 저. 진지해지려니까 또 사극 말투 나온다."

익살스러운 사극 말투에 온정이는 이로를 향해 빗자루를 흔들었다. 이로는 냉큼 달아나는 척을 했지만 마음 한편에는 의심쩍은 부분을 거둘 수 없었다.

다음 날 아침, 이로는 온정이에게 종이 한 장을 내밀었다. 종이에는 '용의자'라는 단어가 적혀 있었다. 온정이가 종이를 들여다보니 그 안에는 평소 숙제를 내지 않기로 유명한 이유현(남), 유온정에게 하루 종일 답을 보여 달라 졸라 댔던 강정아(여), 그리고 10분 만에 도저히 문제를 풀 수 없다고 생각한 박승재(남)가 적혀 있었다. 온정이는 황당한 얼굴로 입을 열었다.

"용의자? 야, 무슨 아무런 증거도 없이…… 설마 네가 의심한다고 용의자가 된 거야? 유현이는 두 문제 빼고 나머지는 풀어서 제출했고, 정아한테는 내가 답을 몇 개 보여 줬어. 승재는…… 어제부터 친구인 네가 자기를 의심하고 있다는 사실을 알고나 있어?"

이로는 온정의 태도가 자신의 생각과 다르자 무척 당황했다. 하지만 여기서 물러설 정이로가 아니다.

"난 내 이름처럼 정의롭게 네 답안지를 훔쳐 간 범인을 찾을 거야. 넌 그냥 두고 보라고!"

호기롭게 외치는 이로를 보며 온정이는 할 말을 잃었다.

1교시는 수학 시간이었다. 선생님은 어제 숙제였던 문제가 어려워서 함께 풀어 보자고 하며, 칠판에 문제를 몇 개 적기 시작했다.

"자, 누가 한 번 풀어 볼까?"

선생님의 말씀이 끝나자마자 이로는 재빨리 손을 들었다.

"이유현, 강정아, 박승재를 추천합니다."

이로가 난데없이 친구들의 이름을 외치자 반 아이들은 모두 이로를 쳐다봤다. 온정이만 그 친구들이 이로의 용의자들이란 걸 알고 눈살을 찌푸렸다. 유현이, 정아, 승재가 황당한 표정을 짓자 선생님은 턱을 쓰

다듬으며 말했다.

"이로야. 친구들을 추천한 거니? 그렇다면, 너도 한 문제를 나와서 풀어야 할 것 같은데?"

선생님은 칠판에 적힌 문제 네 개를 가리켰다. 이로는 흔쾌히 고개를 끄덕였다. 그러고 나서 이제 범인을 잡을 수 있겠다며, 칠판 앞으로 당당하게 걸어 나갔다.

이로의 예상과는 달리, 결과는 참담했다. 온정의 답을 베껴 제출한 정아는 문제를 제대로 풀 수 없었고, 승재 역시 문제를 못 풀었으며, 이로도 용의자들을 지켜보며 풀이를 적느라 제대로 문제를 풀 수 없었다. 문제를 푼 것은 유현이뿐이었다. 범인도 찾지 못하고, 문제도 못 푼 채 이로가 자리에 들어오자 뒷자리에 앉은 온정이가 말했다.

"뭐야. 괜히 친구를 의심하더니, 수학 문제를 못 푸는 걸 보여 주려던 거였어?"

온정이가 놀리자 속이 부글부글 끓는 이로였다. 온정이는 풋 웃으며 말했다.

"으이그, 진정해. 나 범인이 누군지 알았거든."

온정이가 자신 있게 말하자, 이로는 눈을 동그랗게 떴다.

온정이는 승재가 칠판 위에 쓴 숫자들을 가리켰다.

"잘 봐, 모두 다 7이라고 쓰는데, 승재만 7 이렇게 쓰잖아."

칠판 위에 승재가 문제를 푼 곳을 보니, 승재는 숫자 '7'을 '7'로 썼다. 외국에서 태어나서 초등학교 3학년 때 한국에 들어온 승재는 항상 7을 7로 썼다. 이로는 자신의 옆자리에 놓여 있는 승재의 수학 문제 답안지를 쳐다보았다. 문제를 푼 곳에는 모두 7로 적혀 있었지만, 자신의 이름과 번호를 적는 칸인 '17번 박승재'에만 '17'로 적혀 있었다. 이로는 입이 딱 벌어진 채 온정이를 바라보았다.

수업이 끝난 후 이로는 자리에서 벌떡 일어났다. 절대 그런 일은 있을 수도, 있어서도 안 된다며 펄쩍 뛰는 이로와 달리, 온정이는 온화한 미소를 짓고 있었다. 그 옆에 승재가 우물쭈물하는 태도로 서 있었다.

"내가 나쁜 뜻으로 그런 것은 아니고…… 알다시피 넌 1등이니까, 숙제를 못 내도 그냥 넘어갈 수 있지만 나는 이미 여러 번 걸려서……."

승재가 변명을 늘어놓자 얼른 이로가 나섰다.

"법적으로 넌 엄연히 '절도'를 한 거야. 남의 물건을 훔친 것이라고!"

이로의 말을 듣고는 더욱 놀라 바들바들 떠는 승재였다.

"거 봐, 다른 사람 물건을 몰래 가져가니까 마음이 불안하지? 너 지금 떨고 있는 거 봐."

온정이의 따뜻한 말투를 듣자 승재는 더 미안해졌다.

"진짜 미안해. 한국에 와서 수학이 너무 어렵고. 진짜. 나도 그러려고 그런 건 아닌데. 으아아앙."

승재는 결국 아기처럼 울음을 터뜨렸다. 우는 승재를 보자, 이로는 당황한 표정을 지었다.

"괜찮아. 다음에 안 그러면 되지. 답안지의 주인인 내가 용서했으니까 괜찮아."

온정이가 승재를 다독이며 말했다. 승재는 온정이를 바라보며 미안하다고 말했다. 두 사람 사이에는 훈훈한 분위기가 흘렀다. 그것도 잠시, 이로가 찬물을 끼얹는 말을 버럭 던졌다.

"그래도 훔친 건 훔친 거야. 명백한 절도라구! 벌을 받아야 다시는 그런 일을 하지 않지! 승재의 친구로서 이런 일을 덮어주는 건, 읍!"

온정이는 어쩔 수 없다는 듯이 이로의 입을 얼른 틀어막았다. 그러고 나서 놀란 얼굴로 눈을 끔벅이는 승재를 향해서는 웃으며 눈을 찡긋했다.

법치초등학교 법정

수학 문제의 답안지를 훔쳐 간 것은 당연히 절도 행위다.
답안지에 적힌 '답'을 훔쳐 간 것도 엄연히 절도다.

물건으로 따지면 수학 문제가 적힌 종이 2장을 훔쳐 간 것인데, 그 정도로 절도범이라 할 수는 없다.

정도은 변호사의 법률 상식

✏️ **답을 훔치면 절도죄?**

〈형법〉에서 가장 널리 알려진 죄 중 하나가 바로 '절도죄'입니다. 절도죄란, 남의 재물을 갖고 싶다는 생각이 들어, 직접 남에게서 가져와 자신의 것으로 두는 것을 말합니다. 여기서 가장 중요한 것은 가져오는 대상이 '재물'이라는 것이지요. 그렇다면 이로의 주장대로 '수학 문제의 답'도 재물이라고 할 수 있을까요?

정답은 '아니오'입니다. 정보, 통신, 수학 문제의 답과 같은 지식은

절도의 범위, 저작권, 형법 이야기

재물이 될 수 없어요. 한 사건을 예로 들어볼게요. ○○전자에 근무하던 장과장은 회사에서 갑자기 명예퇴직을 당하고 말았어요. 장과장은 울컥하는 마음이 들어 자기 컴퓨터에 있던 회사의 기밀정보를 A4 용지 4매에 프린트하여 다른 회사에 넘겼어요.

자, 그렇다면 장과장은 절도죄가 볼 수 있을까요? 우선 A4 용지에 프린트된 기밀 정보는 '재물'이 아니므로, 절도죄가 성립하지 않아요. 즉 법에서는 절도죄로 보지 않는다는 것이지요. 굳이 따진다면 A4 용지는 회사의 '재물'이므로 종이를 훔쳐 간 절도죄가 성립하겠네요. 하지만 종이 4매를 훔쳐 갔다고 해서 절도죄를 인정하기는 어렵겠지요.

형법에서는 장과장과 같은 경우, 절도죄가 아닌 '배임죄'를 지었다고 인정해요. 단어도 어려운 '배임죄'는 어떤 죄일까요? ==배임이란, 자신에게 주어진 임무와 신뢰를 저버리는 행위를 말해요.== 회사와 장과장 사이에는 자신의 회사 기밀 정보를 다른 회사로 빼돌리지 말라는, 보이지 않는 약속이 있어요. 그런데 장과장은 회사와의 신뢰를 '배신'하고 다른 회사에 기밀 정보를 빼돌렸으니, 이를 나쁜 범죄로 보아 처벌하는 것이지요.

🖊 시험지 답안 자체가 보호된다면?

수학 시험 답안지가 단순히 '숫자'가 아니라 풀이 과정을 상세히 쓴 것이라면 어떨까요? 만약 논술 문제의 답안지여서 길게 쓴 한 편의 글이 답이였다면 어떻게 되었을까요?

수학의 풀이 과정이나, 논술 답안지의 경우에는 적힌 내용 자체가 '저작권'의 보호대상이 될 수 있어요. '저작권'이란, 어떤 사람이 자신의 창작 활동을 통하여 만들어낸 저작물 즉, 글, 악보, 영화, 음악 연주, 게임, 컴퓨터 프로그램 등에 부여되는 권리를 말해요. 요새 흔히 접할 수 있는 '불법 다운로드 금지'라는 문구는 바로 이런 저작권을 보호하기 위함이지요.

저작권은 '내가 창작물을 쓴 사람이다!'라고 주장하지 않아도, 창작물을 완성함과 동시에 발생해요. 책을 써서 출판할 때, 앞표지에 저자 '김순돌'이라고 쓰여 있기만 해도 그 책의 내용 전부는 저자 김순돌에게 저작권이 인정돼요. 가수의 경우 자신의 음악에 작곡자라고 굳이 표기하지 않아도 음악이 만들어지는

절도의 범위, 저작권, 형법 이야기

순간 바로 저작권이 인정됩니다.

이렇게 저작권으로 보호되는 창작물에는 제한이 없어요. 유명한 가수의 음악이나, 시인의 저서만 저작권으로 보호되는 것이 아니라, 딸그락 거리는 동전을 흔들어 만든 음악도, 내가 스케치북에 그냥 그린 그림도, 수학 답안지에 상세히 적힌 풀이 과정도, 그리고 논술 문제 답안지에 적힌 논술 답안도 모두 저작권의 보호 대상이 된답니다.

누군가 수학 문제의 풀이 과정을 그대로 복사하거나, 논술 답안지의 답 자체를 그대로 베껴 제출하였다면, 그 자체로 저작권을 침해하는 행위가 돼요. 저작권을 침해하면, 침해한 자에게 손해 받은 부분의 금전을 청구할 수 있고, 이미 출판되었거나 물건으로 만들어졌다면 모두 거둬들여 폐기할 수 있도록 법원에 청구할 수 있답니다.

이처럼 저작권은 눈에 보이지는 않지만, 돈, 부동산 등 눈에 보이는 재산보다 더욱 큰 재산권으로 인정되고 있어요. 요즘에는 특허권, 디자인권, 저작권이 미래의 산업으로 각광받고 있는데, 이러한 권리들을 모두 '지식재산권'이라 해요.

이들은 모두 인간이 창작하거나 새로 발명해낸 '지식들'을 바탕으로 인정되는 권리들이에요. 세계 경제학자들은 앞으로 미래의 강대국이 되려면 이런 지식재산권을 많이 보유한 나라가 되어야 한다고 해요.

최근 떠들썩했던 삼성 휴대폰과 애플 휴대폰의 디자인권 침해 소송도 바로 지식재산권, 그중에서도 디자인권에 관한 것이었지요.

법으로만 해결이 안 돼! 도덕이 필요해!

다시 수학 문제 답안지 사건으로 돌아가 볼까요. 사실 이번 '수학 문제 답안지 사건'에서 중요한 것은 형법상 절도죄가 성립하냐, 성립하지 않느냐의 문제가 아니에요. 오히려 법으로 모든 것을 해결하려고 하면, 결코 해결하지 못하는 부분이 여럿 있다는 것을 보여 주는 사건이지요. 흔히 우리가 말하는 '양심'의 문제가 바로 여기에서 힘을 발휘할 수 있어요. 법으로 규율하지 않더라도 사회 구성원이라면 마땅히 지켜야 한다고 생각하는 것들, 그런 양심들이 모여 '도덕'이라는 거대한 규정을 만들게 되지요.

도덕은 법처럼 강제성은 없어요. 도덕을 지키지 않는다고 해서 형벌을 주거나 감옥에 가두거나 할 수 없어요. 그러나 신기하게도 사회생활을 하는 사람이라면 누구나 도덕의 중요성을 깨닫고 지키려 노력하지요. 몇 가지 예를 들어볼까요. 지하철에서 나이 든 어른께 자리를 양

절도의 범위, 저작권, 형법 이야기

보해 주는 것, 지금의 이 사건처럼 남의 물건은 아무리 작더라도 무엇이든 훔치면 안 된다는 것, 아주 사소한 거짓말이라도 하면 안 된다는 것 등을 들 수 있지요.

여러분도 함께 생각해 봐요!
도덕으로 규율할 수 있는 행동은 어떤 것들이 있을까요?
위에 예로 든 것을 제외하고, 어떤 것들이 있을지 생각해 봅시다.

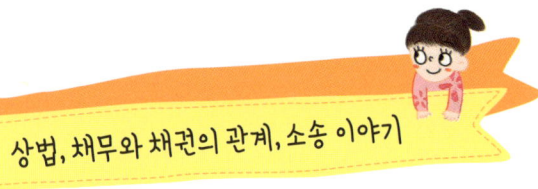

상법, 채무와 채권의 관계, 소송 이야기

천 원만 빌려줘!

"온정아, 이따가 수업 끝나고 혹시 뭐해?"

승재가 뒷자리에 앉은 온정에게 밝은 표정으로 묻는다.

"응, 원래 피아노 학원에 가는데, 오늘은 마침 학원이 쉬는 날이야. 그런데 왜?"

온정이가 이름만큼이나 따뜻하게 웃으며 대답했다.

"그, 그럼 나랑 햄버거 먹으러 안 갈래? 지난번 답안지도 그렇고 너한테 미안해서…… 그러니까…… 햄버거를 먹으면 배도 부르고……. 배가 부르면 졸리고……."

갑자기 횡설수설하는 승재를 보자, 이로가 이해 가지 않는지 불쑥 말했다.

"뭐야. 박승재, 왜 이렇게 말을 더듬어? 혹시 온정이가 지난번 말과는 다르게 선생님한테 이를까 봐 그러는 거야? 온정이가 혹시 치사하게 너한테 협박했어?"

점점 엉뚱해져가는 이로의 말에는 관심 없는지 승재와 온정이는 둘이서 대화를 이어 갔다.

"응, 그래. 그래. 나야 좋지."

이로가 의심을 하든 말든, 활짝 웃으며 답하는 온정이었다.

방과 후, 이로는 승재와 온정이가 다정하게 이야기하며 가는 것을 뒤에서 바라보았다. 이로는 두 사람의 모습에 괜스레 약이 올랐다.

"야, 뭔데. 무슨 이야기가 그렇게 재미있는데? 또 법을 어기는 그런 이야기 아니야?"

이로는 아까부터 계속 딴지를 걸고 있었다.

"야, 정이로. 너 좀 집에 가라."

햄버거 집에 다다르자 승재가 은근슬쩍 이로에게 다가가 낮은 목소리로 말했다. 온정이는 메뉴를 고르는 데 열중이었다. 이로는 어깨를 으쓱이며 사극 말투로 대답했다.

"아니, 내가 왜 그래야 하는가? 너도, 온정이도, 나도 다 같은 동네에 사는데, 여기까지 온 이상 햄버거도 먹고, 집에도 같이 가야 덜 위험하지. 응? 그렇지 않겠는가, 친구. 우리는 '좋은' 친구이질 않은가."

넉살 좋은 이로의 말에 온정이와 승재는 기가 막혀 헛웃음만 지었다. 그러거나 말거나 이로는 당당한 태도로 햄버거를 주문했다.

"야, 정이로. 네 것은 네가 내. 내가 미안한 건 온정이니까, 온정이 것만 내가 사 줄 거야."

승재가 이로에게 말하자, 부글부글 끓는다는 표정으로 이로는 자신의 햄버거 값을 지불했다.

"와, 진짜 승재 네가 사 주는 거야? 크크. 내 수학 문제 답안지가 햄버거로 돌아오다니, 정말 기쁜걸!"

온정이는 승재가 햄버거를 사 준다고 하자, 연신 싱글벙글거렸다. 온정이가 기뻐하자 승재도 덩달아 기분이 좋아졌다. 이윽고 계산원이 햄버거 주문을 받았다.

"9,900원입니다."

승재는 지갑을 열어 지불하려는데, 이게 웬일인가! 지갑에는 딱 9,000원만 들어 있었다. 승재는 아무것도 모르는 온정이가 알기 전에 이로에게 조용히 말했다.

"야, 나 천 원만 빌려줘. 900원이 모자라단 말이야. 빨리."

이로는 방금 전에 자신의 햄버거를 사 주지 않는다고 한 승재에게 뿔이 나, 괜히 큰 목소리로 대답했다.

"아니, 내 햄버거는 사 주지도 않으면서 내게 왜 천 원을 빌리는 것이오. 나는 돈이 없소이다."

온정이는 또 이로가 장난치는가 하고 두 사람 쪽을 바라보았다. 온정이와 눈이 마주치자, 승재는 아무 일도 없다는 듯 미소를 지었다.

"야, 빨리 좀 빌려줘. 온정이가 쳐다보잖아. 어제 수학 문제 답안지도 그렇고, 오늘까지 이러면 내가 너무 창피하잖아. 응? 빨리."

승재가 너무 다급하게 말하자, 이로는 할 수 없다는 듯이 지갑에서 천 원을 꺼내 빌려주었다. 하지만 정이로가 누구인가! 법, 법! 모든 걸 다 법으로 해결하려는 정이로가 아니던가.

"자, 여기 영수증에 '나는 정이로에게 2015. 6. 13. 일천 원을 빌렸다.'라고 쓰고 너 사인해."

이로는 방금 자신이 햄버거 값을 계산하고 받은 영수증을 승재에게 내밀며 말했다. 승재는 빨리 이 모든 상황을 넘어가야겠다는 생각에 이로의 말대로 적고 사인을 했다.

셋이서 햄버거를 먹고 며칠이 지난 어느 날이었다. 이로는 엄마가 빨래하려다 주머니에서 발견하였다며 건넨 종이를 받았다. 그 종이는 바로 햄버거 집에서 받은 영수증이었다. 영수증에는 '나는 정이로에게 2015. 6. 13. 일천 원을 빌렸다'는 문구와 승재의 어설픈 사인이 적혀 있었다. 이로는 문득 뭔가 재미있는 일이 떠올라 히죽 웃었다.

다음 날, 담소를 나누고 있는 온정이와 승재 위로 검은 그림자가 슬쩍 드리워졌다. 온정이와 승재가 위를 올려보자, 이로가 서 있었다. 이로는 다짜고짜 승재에게 영수증을 내밀었다.

"친구, 오늘이 며칠이오."

"뭐야, 왜 또 사극 말투인데. 6월 22일인가?"

승재는 오늘 날짜를 곰곰이 생각하며 대답했다.

"친구, 그렇다면 나에게 이천 원을 빨리 갚아 주길 바라오."

그제야 승재가 이로가 내민 영수증을 뺏어 보았다. 그러고 보니, 그때 빌린 천 원을 아직 주지 않은 것이 생각났다. 승재는 바로 천 원을 꺼내 이로에게 내밀었다.

"자, 천 원. 잊고 있었어. 미안."

이로는 승재가 건네주는 천 원을 손으로 밀어냈다.

"아니오, 친구. 돈을 빌리면 이자를 내야 한다는 사실은 잘 알고 있

을 것이오. 13일부터 오늘 22일까지 매일 100원씩 이자를 계산하면 100×10일=1,000원이오. 여기에 원래 빌린 돈 1,000원에 더하면, 총 2,000원을 갚아야 하는 것이라오."

이로의 말에 승재는 입이 떡 벌어졌다. 가뜩이나 수학에 약한 승재를 이용하려는지 이로가 술술 이야기를 늘어놓자, 보다 못한 온정이가 끼어들었다.

"무슨 소리야. 여기 영수증에 적힌 것 보니까 '일천 원을 갚겠다'라고만 되어 있는데! 이자에 대한 부분은 아예 적혀 있지 않잖아."

이로는 온정이에게 빠지라는 듯 날카로운 눈빛을 쏘았다. 하지만 온정이는 계속 말을 이어갔다.

"법을 좋아하는 정이로, 네가 잘 알 텐데. 승재가 이자를 준다고 약속한 적 없으니까, 여기 적힌 대로 천 원만 갚으면 된다는 걸."

온정이는 승재가 들고 있던 천 원을 이로에게 건넸다. 이로는 분한 얼굴로 온정이에게 따져 물었다.

"야, 유온정, 쫌! 지난번에 승재가 너만 햄버거 사 주고, 나는 안 사 줬거든? 그래서 이자를 받으려고 한 거란 말이야."

그러자 승재가 나름 할 말이 있다는 듯 냉큼 대꾸했다.

"야, 정이로. 넌 나한테 수학 문제 답안지도 안 보여 주고, 제일 먼저

나를 의심했잖아. 그러면서 내가 햄버거를 사 주길 바라냐?"

승재의 말에 이로는 발끈했다.

"박승재. 그렇다고, 넌 오래된 친구를 버리고 온정이만 햄버거를 사 주는 게 맞냐?"

승재와 이로가 티격태격하자 온정이가 큰 목소리로 외쳤다.

"아, 둘 다 그만!"

온정이의 말에 이로와 승재는 놀란 눈으로 온정이를 쳐다보았다.

"어휴, 그만들 해. 가자, 오늘은 내가 아이스크림 쏠게. 다들 풀고 넘어가자. 응?"

온정이가 가방을 메고 교실 밖으로 나가자, 승재와 이로는 왠지 부끄러운 마음에 얼굴이 붉어졌다.

"야, 네가 먼저 햄버거를 사 줬으면 좋았잖아."

"무슨 말이야. 네가 그런 이유로 이자를 달라는 게 말이 안 되지."

둘이 또 실랑이를 하는 소리가 들리자 온정이가 뒤돌아 말했다.

"야, 진짜 쫌!"

평소 온화하던 모습과 달리, 버럭 소리를 치는 온정이를 보자 승재와 이로는 더욱 조용해졌다. 온정이는 둘이 조용해지자 이제 됐다는 듯 앞장서서 걸었다.

법치초등학교 법정

이로의 주장

이자에 관한 약속을 하지 않았으나, 돈을 빌린 이상 이자를 줘야 한다.

온정의 주장

이자에 관한 약속을 하지 않았으니, 이자를 줄 필요가 없다.

정도은 변호사의 법률 상식

✏️ 가장 많이 하는 소송은 바로, "내 돈 갚아!" 소송!

법률사무소에 찾아오는 사람들은 '돈'과 관련된 분쟁들로 오는 경우가 거의 대부분이랍니다. 돈을 빌려준 사람들이 돈을 갚지 않는 사람에게 '빨리 내 돈을 갚아 달라'고 법원에다 청구, 즉 요청을 하지요.

법률적 용어로, 돈을 빌린 사람을 '채무자', 돈을 빌려준 사람을 '채권자'라고 해요. 주로 빌린 돈을 갚으라고 소송을 하는 경우가 많으니, 이러한 소송에서 원고(주장을 하는 자)는 채권자가 되고, 피고(주장하는 자에 맞서는 자)는 채무자가 되겠네요.

상법, 채무와 채권의 관계, 소송 이야기

원고(채권자)가 '내 돈 갚아!!' 라고 주장하면,

피고(채무자)는 '이미 갚았잖아!!' '갚을 필요 없는데?' 등 반대의 주장을 펼치죠.

법원에서는 원고와 피고의 주장들을 들어보고, 누구의 말이 더 합리적인지를 판단하여 판결을 내려 줍니다. 원고의 말이 맞다면 '원고 승소' 판결을, 반대로 피고의 말이 맞다면 '원고 패소' 판결을 내리게 되지요.

여기에서 채무자는 승재, 그리고 채권자는 이로가 되겠네요.

✏️ 눈에는 보이지 않아! 채권, 채무의 관계

　좀 더 쉽게 채권, 채무 관계를 설명해 볼게요. 사실 우리가 이용하는 은행도 알고 보면 채권자, 채무자의 관계라고 볼 수 있어요. 사람들이 집을 사거나, 사업을 하는 등 갑자기 많은 돈이 필요할 때, 은행에서 돈을 빌리게 됩니다. 그러면 은행은 채권자가 되고, 사람들은 채무자가 되지요. 채권, 채무 관계는 우리 눈에 직접 보이지 않지만, 법률적으로는 강력한 힘을 발휘할 수 있어요.

　법률은 채무자가 돈을 갚지 않으면, 채권자가 돈을 받을 수 있도록 채무자의 재산을 '압류'할 수 있도록 해요. 드라마에서 자주 등장하는 집에 '빨간 딱지'를 붙이는 장면이 바로 이것이지요. 바로 채권자가 채무자에게 돈을 갚으라고 요구하는 행위 중의 하나랍니다.

상법, 채무와 채권의 관계, 소송 이야기

✏️ 이자는 채권자와 채무자가 약속한 내용에 따라야!

그럼, 채무자는 항상 채권자에게 이자를 지급해야 하는 걸까요? 채권자가 채무자에게 1만 원을 빌렸는데, 2만 원의 이자를 달라고 하면 어떻게 하나요?

개인 간에 돈을 거래할 때, 이자를 지급하는 것은 온정의 주장대로 서로 약속을 해야 합니다. 그러나 반드시 약속이 있어야만 이자가 생기는 것은 아니에요.

예를 들어 〈상법〉에서는 돈을 빌리는 것이 만약 '상업적인' 것이라면, 계약이 없더라도 연 6%의 이자를 지급하도록 법률로 정해 두었어요. 상인 간에는 아무래도 돈 거래가 중요하므로, 법률에서 강제로 이

자를 정해 둔 것이랍니다.

또 한 가지 예를 들어볼까요? 앞서 질문한 대로 1만 원을 빌렸는데, 2만 원을 이자로 달라고 하는 것은 정말 말도 안 되는 이야기겠지요? 그래서 〈이자제한법〉이라는 법률을 두었답니다. 돈을 빌려주는 사람이 말도 안 될 정도로 많은 이자를 받는 것을 법률로 금지하고 있어요. 돈을 빌려줄 때 자유롭게 이자를 정할 수 있지만 〈이자제한법〉에서 허용하는 한도 내에서 정해야 합니다.

〈이자제한법〉에서 금지하는 정도의 이자가 아니라면, 법률은 개인들이 자율적으로 정한 약속(계약)에는 간섭하지 않아요. 그래서 개인들은 원하는 이자를 정하여 계약서를 작성할 수 있지요.

따라서 법원에서는 채권자와 채무자가 빌려준 돈이 얼마인지, 또 이자가 얼마인지를 다투고 있을 때, 둘 사이에 어떤 약속을 했는지를 중점적으로 살펴본답니다. 이때 '계약서'가 있다면 주장을 뒷받침하는 좋은 증거가 될 수 있어

상법, 채무와 채권의 관계, 소송 이야기

요. 계약서에는 얼마를 빌렸고, 이자를 얼마로 정했는지가 상세히 적혀 있으니까요.

여러분도 함께 생각해 봐요!

서로 돈을 빌려주고, 갚기로 약속할 때 작성하는 계약서에는 어떤 내용이 들어가야 좋을까요?
친구에게 돈을 빌려준다면, 계약서에 어떤 내용을 넣고 싶은지 생각해 봅시다.

손해배상, 재산권 이야기

우리를 미치게 만드는 드러머

안녕하세요. 유온정입니다. 저와 이로가 왜 이렇게 티격태격하면서도 잘 붙어 다니는지 궁금하시죠. 그건 바로 저희 집과 정이로네 집이 이웃사촌이기 때문입니다.

아, 좀 더 자세히 말하면 중간에 한 집에 끼어 있으니, 이웃사촌은 아니고 5촌이나 6촌 정도라고 할 수 있겠네요. 크크.

그런데, 며칠 전 이로네와 우리 집 사이에 새로운 이웃이 이사 왔어요. 새로 온 이웃 때문에 바로 이 사건이 터지게 된 것이죠.

<사건 5일 전>

빵빵, 빵빵.

"아, 차 좀 빼 주세요."

아침부터 이게 무슨 난리인가 싶다. 이로는 아침부터 들리는 시끄러운 경적 소리에 2층 자기 방 창문을 열었다. 맞은편에는 어마어마하게 큰 스피커 두 대와 드럼, 피아노가 올라가고 있었다. 며칠 전 옆집이 이사 갔다고 하더니, 오늘 새로 온 이웃이 이사를 하고 있는 모양이다.

그런데 아침부터 경적을 울리며 소리를 지르는 걸 보아 새 이웃이 조용한 성격이 아닌 것만은 분명했다.

'지이이잉, 우당탕탕, 지이이이이이이잉.'
그날 저녁, 어디선가 크고 날카로운 기타와 드럼 연주 소리가 갑작스럽게 들려왔다. 저녁을 먹던 이로가 엄청난 굉음 소리에 절로 얼굴을 찌푸린다.
"여보, 이 소리 들려요?"
이로 엄마도 굉음 소리가 듣기 언짢은지 인상을 찌푸리며 말했다. 하지만, 이 순간을 누구보다 참지 못하는 한 명이 있었으니, 바로 이로의 고모인 정도은이다. 이로의 고모를 소개하자면, 똑 부러지는 성격에 불합리한 것을 참지 못하며, 잘 나가는 변호사다. 서른일곱에 아직 결혼하지 않은 것만 빼면, 뭐 하나 부족한 것이 없다. 아니지, 하나 부족한 것이 있는데 그건 바로…….
"제가 다녀올게요!"
"아니, 안 그래도 되는데…….."
이로와 아빠가 고모를 말리려는 찰나, 고모는 이미 신발을 신고 옆집을 향해 달려가고 있었다. 그렇다. 완벽한 도은에게 부족한 것은 바

로 '느긋함'이다. 이로와 아빠는 눈을 마주치며 큰일 났다는 듯 얼른 도은을 따라나섰다.

한편, 이 굉음 소리를 같이 듣고 있던 옆집 온정이네에서 불평이 터져 나왔다.

"아무래도 너무 심한 것 같죠."

온정 엄마가 얘기하자 사람 좋게 웃는 청년이 있었으니, 그는 바로 유익한. 온정이의 삼촌이다.

"에이, 형수님. 오늘 이사를 왔으니 아직 방음 설치를 할 시간이 없었겠죠."

인권운동가인 유익한은 스위스에 있는 국제기구에서 일하다 올해 초 한국에 들어왔다. 지금은 작은 인권 사무소를 열고 소장으로 일하고 있다. 온정이는 삼촌 익한의 말에 맞장구를 쳐 주었다.

"크크, 맞아. 난 듣기에도 좋은데? 잘 들어보면, 따라라라라. 이거 비발디의 사계 아니야?"

밝게 웃는 온정이가 귀여운지 익한은 온정의 머리를 쓰다듬었다.

"그래도, 이건 너무 심한 것 같아. 벌써 한 시간째라고."

온정의 아빠가 참다못해 보던 신문을 내려놓고 자리에서 벌떡 일어

났다. 이렇게 해서 온정의 아빠, 엄마, 익한, 그리고 온정이까지 새로 이사를 온 옆집 대문 앞에 서 있게 된 것이다. 그러나 온정의 가족들이 도착하기 전에 이미 대문 앞을 장악한 사람들이 있었으니, 바로 이로의 가족들이었다.

딩동, 딩동, 딩동, 딩동.
"저기요, 쾅쾅쾅. 이렇게 소리가 크니까 벨소리도 안 들리지. 저.기.요!!!"
문을 얼마나 쾅쾅 두드렸을까? 그제야 도은의 고함 소리를 들었는지 새로 이사 온 옆집 사람이 문을 열었다. 그는 드럼을 치던 스틱을 들고 있었다. 문 사이로 흥분한 도은의 모습이 보이자 겁이 났는지, 문을 아주 빼꼼히 열고 서 있었다. 이사 온 사람이 잔뜩 경계하는 목소리로 물었다.

"이 늦은 시간에 무슨 일이시죠?"
"하, 잘 아시네요. 지금이 늦은 시간이라는 것. 지금은 저녁 8시 25분입니다. 가족들이 모두 모여 휴식을 취하는 시간이

죠. 그런데 이 시간에 아무런 방음 장치도 없이 이렇게 시끄럽게 연주를 하면, 제 개인 생활을 침해한다는 생각은 못하시나요?"

"아, 그게…… 제가 방……."

옆집 사람이 말하려고 하자, 도은은 틈새를 주지 않고 다다다 말을 퍼부었다.

"아, 됐고. 방음 장치를 아직 안 하신 건 맞으시죠? 지금 이건 명백한 '침해 행위'라고요. 방음 장치를 하시든지 아니면 당장 연주를 그만두시죠."

"아, 그게……."

옆집 사람이 뭔가 이야기하기 전에 도은은 이미 뒤를 돌아 나왔다. 도은의 모습을 뒤에서 지켜보던 익한은 그런 도은이 예의 없고 황당해 보이기까지 했다. 도은이 떠나고 나자 익한이 옆집 사람에게 다가가서 말을 꺼냈다.

"안녕하세요. 저는 옆집에 사는 유익한이라고 합니다. 오늘 이사 오셨나 보네요. 아까 연주하신 곡이요. 저는 무척 듣기 좋은 음악이라 생각하는데, 아무래도 여러 가족이 지내는 동네이다 보니……."

익한은 차분히 자기소개를 하고, 음악을 조금만 줄여달라고 이야기를 해 나갔다. 그런데 그런 익한에게 들려온 것은 '쾅' 하고 닫히는 대문 소리뿐이었다. 당황하는 익한을 뒤에서 지켜보는 수많은 시선이 있었으니, 도은과 이로의 가족들이었다. 그중 익한을 가장 황당한 표정으로 보는 사람은 바로 도은이었다.

〈사건 당일〉

이제는 옆집의 드럼, 전자 기타 소리가 일상이 되어버린 것 같다. 새벽, 아침, 저녁, 밤 가릴 것 없이 옆집은 연주를 해댔다. 이미 이로네 가족과 온정이네 가족은 지칠 대로 지쳐 버린 상태다.

"여보, 이거 무슨 특단의 조치를 취해야 하지 않아요. 너무 시끄러운데, 몇 번 이야기해도 듣지도 않고."

이로 엄마가 말하자 이로 아빠가 맞장구를 친다.

"그러게 말이야. 도은이가 출장만 안 갔어도, 벌써 나서서 해결했을 텐데……. 깐깐한 도은이가 그립네."

이로 아빠는 마치 도은이 슈퍼우먼이라도 되는 것처럼 중얼거렸다. 그 순간 도은의 목소리가 들려 왔다.

"음하하하하하. 내 그럴 줄 알았죠. 나 보고 싶었죠? 소음이 저 앞 골목까지 들리던데. 대체 왜 다들 아직까지 참고 있었던 거예요?"

도은의 카랑카랑한 목소리에 이로네 가족의 눈이 반짝반짝 빛났다. 이제 닷새간의 고통에서 해방될 일만 남은 것이다. 아니나 다를까, 도은은 지방 출장 가방을 풀 생각도 하지 않고 그대로 밖으로 나갔다. 그러고서는 두 팔을 걷어붙이고 옆집으로 향했다.

그런데 옆집 대문 앞에는 이미 익한과 온정이네 가족이 나와서 옆집 남자와 이야기를 나누고 있었다.

"저, 지난번에 인사드렸죠? 유익한이라고 합니다. 바로 옆집에 살고 있는……."

익한의 인사가 채 끝나기도 전에 옆집 남자는 말을 딱 자르며 제 할 말을 시작했다.

"나 참. 지난번에도 오시더니, 또 오셨네. 방음 장치 곧 설치한다고요. 몇 번을 말씀 드려요? 그럼 이번 주에 오디션이 있는데, 저더러 연습을 그만하라는 말씀이세요? 그러다 오디션에 떨어지면, 아저씨가 책임지실 겁니까?"

옆집 남자는 욱했는지 익한의 어깨를 떠밀었다. 그 바람에 익한은 중심을 잃고 뒤로 밀렸다. 그 순간 날카로운 비명 소리가 울려 퍼졌다.

"으아악."

익한은 뒤로 떠밀리면서 실수로 도은의 발을 밟은 것이다.

"엇! 죄, 죄송합니다."

도은은 익한에게 발을 밟히자, 더욱 화가 나 참을 수 없었다. 도은은 이웃 남자에게 다가가 크지도, 작지도 않은 목소리로 또박또박 이야기를 시작했다.

"전 분명 3일 전에, 방음 장치를 설치하시라고 말씀드렸었고, 그럼에도 불구하고, 그쪽은 아직까지 방음 장치를 설치하지 않은 채 연주를 하고 계시네요."

옆집 남자가 도은의 이야기를 끊고 또 말하려 하자 도은은 오른손을 들어 옆집 남자의 행동을 저지시켰다. 그런 후 자신의 말을 계속 이어갔다.

"저를 포함한 저희 가족은 더 이상 이 소음을 참을 수 없군요. 민사상 손해배상책임을 청구할 예정입니다. 향후 이야기는 법정에서 나누기로 하죠. 그럼, 이만."

도은의 말에 옆집 남자는 덜컥 당황했다. 그런데 그보다 더 당황한 사람은 바로 익한이었다. 익한은 쌩하고 돌아서는 도은의 팔을 잡아챘다.

"저기요, 잠깐만요. 그래도 이웃인데 소송까지 하는 건 너무 하는 것 같은데요. 아직 시간이 없어서 방음 장치를 설치하지 못했다고도 하고, 또 며칠 뒤에 오디션이 있다는데…….”

익한의 이야기를 가만히 듣고 있던 도은은 익한이 자신의 팔을 잡고 있는 것을 싸늘하게 쳐다보았다. 그제야 익한은 당황한 듯 도은의 팔을 내려놓았다.

"저기요. 지난번에도, 또 이번에도 옆집 분과 제대로 된 대화 한마디도 못 나누고 무시만 당하시던데……. 언제까지 기다려 줄 생각이시죠? 저희 가족은 더 이상은 못 참겠으니, 그쪽은 그쪽 방식대로 알아서 해결하시죠. 그럼."

도은은 깍듯이 인사하고 집으로 향했다. 이로는 역시 우리 고모라는 듯 온정이에게 어깨를 으쓱하였다.

익한은 여전히 도은이 이웃에게 이렇게까지 하는 것은 도리가 아니고 생각했다. 그러나 바로 오늘 기가 막힌 일이 일어났다. 며칠 동안 익한과 온정이네 가족의 이야기를 단 한 번도 제대로 듣지 않던 옆집 남자가 방음설치 공사를 시작한 것이 아닌가?

방음설치 공사를 하던 중 집 밖으로 나온 옆집 남자와 익한은 눈이 마주쳤다. 익한은 반가운 얼굴로 인사를 건넸으나, 옆집 남자는 쌩한 표정을 지으며 돌아섰다.

"뭐지. 결국 이웃 간에도 소송으로만 해결이 가능한 것이 된 건가……."

어쩐지 씁쓸한 기분이 드는 익한이었다.

법치초등학교 법정

도은의 주장

이웃 간이라고 해서 무조건 참는 것은 바보 같은 짓이다.
명백한 손해가 발생했다면 손해배상청구를 할 수 있다.

악한의 주장

'이웃사촌'이라는 말도 있지 않은가. 무조건 모든 것을 법으로 해결하려는 건 좋지 않고, 그렇게 한다고 해서 해결되는 것도 아니다.

 정도은 변호사의 법률 상식

 누구의 말이 옳은지 판단하기 어려워!

최근 층간 소음으로 스트레스를 받던 아래층 주민이 위층에 올라가 칼로 찌른 사건이 발생했어요. 이웃사촌이라는 말이 무색할 만큼 무시무시한 사건이었죠. 사실 여러 사람들이 모여 사는 아파트나 동네의 경우 크고 작은 불편한 일들이 일어나게 됩니다. 그 모든 것을 합리적으로 해결하기란 무척 어려운 문제이지요. 서로의 이익이 대립하고 있어, 어느 한쪽의 손을 들어줄 수 없는 경우에는 더욱 힘들죠.

손해배상, 재산권 이야기

✏️ 어디까지 손해배상을 청구할 수 있을까?

우선 '손해배상'이라는 말을 먼저 알아봅시다. 손해배상이라는 것은 어떤 사건이 원인이 되어 생긴 손해를 '금전'으로 청구하는 것을 말해요. 쉬운 예로, 교통사고를 들어볼게요. 내 실수로 다른 차와 교통사고가 나는 바람에 상대방 운전자가 다리를 다쳐 병원에서 2주간 치료를 받았다고 해봅시다. 내 잘못으로 상대방이 다친 것이니까 2주간 치료를 받은 금액은 내가 해 줘야겠지요. 이렇게 상대방에게 생긴 손해를 금전으로 보상해 주는 것을 '손해배상'이라고 해요.

그럼 내가 잘못하지도 않았는데, 상대방이 내가 잘못한 게 맞다고 우겨서 손해배상을 청구할 수도 있을까요? 당연히 '아니오'입니다. 손해배상을 해 달라고 주장하려면, 일어난 사건과 발생한 손해 사이에 '인과관계'가 있어야 해요. 인과(因果)란, '원인'과 '결과'를 의미해요. 즉, 교통사고라는 '원인'으로 다리를 다친 '결과'가 생긴 것이어야 손해배상을 인정할 수 있는 것이지요.

자, 그럼 이웃사촌끼리 일어난 상황 중 손해배상을 인정할 수 있는 상황은 어떤 것이 있는지 한 번 살펴볼까요?

✏️ 20층짜리 아파트 때문에 우리 집이 어두워졌어요!

원래 있던 10층짜리 아파트 앞에 20층짜리 아파트를 지어 10층짜리 아파트에 햇빛이 하나도 들지 않게 되었다면 어떨까요?

법원의 판결은 손해배상을 인정하였습니다. 아파트의 햇빛이 드는 '일조권'이라는 권리를 <mark>헌법상 보장된 '재산권'</mark>으로 본 것이지요. 다시 말해, 20층 아파트가 지어져서(원인), 10층 아파트에 사는 사람들의 일조권이 침해되었으므로(결과), 손해배상을 인정한 것이지요.

손해배상, 재산권 이야기

📝 시끄러운 소음 때문에 살 수가 없어요!

소음 문제도 얼마든지 손해배상을 청구할 수 있어요. 갑자기 집 앞에 공항이 지어지는 바람에 매일 비행기가 착륙하고, 이륙하는 소리에 시달린다면 어떨까요? 공항이 생겨서 비행기 소음이 나는 바람에(원인), 그 동네에 사는 사람들이 모두 소음에 시달려 피해를 입었다면(결과) 손해배상을 인정할 수 있겠지요.

그렇다면, 이번 사건에서 옆집 드러머에게 손해배상을 청구하려면 어떻게 해야 할까요? 시끄러운 드럼 소리로 인해 피해를 입었다는 걸 증명할 '증거들'이 있어야 해요. 불면증에 시달렸다든지, 신경쇠약에 걸렸다든지, 소음 때문에 공부를 못해 시험을 망쳤다든지 등, 인과관계를 보여 줄 수 있는 증거들이 있어야 합니다.

여러분도 함께 생각해 봐요!   LEGAL MIND

이로와 온정이가 손해배상을 주장하면서 증거로 제출할 수 있는 내용은 어떤 것들이 있을까요?

드러머 때문에 이로와 온정이에게 일어난 손해가 무엇일지 생각해 봐요.

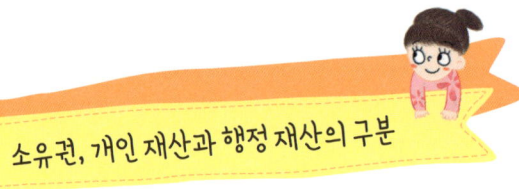

소유권, 개인 재산과 행정 재산의 구분

학교 운동장은 대체 누구 꺼야?

"야, 야. 빨리, 빨리."

복도에서 승재의 목소리가 울려 퍼졌다. 법치초등학교에서 승재의 목소리가 가장 크게 들리는 시간은 딱 두 번밖에 없다. 하나는 점심시간, 다른 하나는 바로 지금, 축구를 할 시간이다.

승재와 이로는 점심을 먹자마자 후다닥 바깥으로 달려 나갔다. 원래는 축구를 하기 위해 이렇게 서두르지 않아도 괜찮았는데, 며칠 전부터 운동장 쟁탈전이 벌어졌기 때문이다.

요새는 운동장 자리를 맡기 위해 밥을 거의 먹는 둥 마는 둥 하고 운동장으로 뛰어나간다. 이렇게 된 사건은 사흘 전으로 거슬러 올라간다.

"나 어제 집에서 드리블 연습했어. 엄마한테 집에서 뛰지 말라고 꾸중을 들으면서 말이야. 그러니까 오늘 2반 애들, 쉽게 이길 수 있을 거라구! 그, 뭐지. 3반의 호나우두 하면, 그게 바로 나 박승재 아니겠어?"

오늘도 어김없이 승재의 허세가 시작되었다. 이로와 승재는 곧 축구 경기가 시작하기라도 한 것처럼, 축구공을 들고 운동장을 향해 열심히 달리기 시작했다. 승재는 축구부 주장, 이로는 부주장이다.

승재는 점심을 먹고 운동장에서 축구 경기를 하는 것이 학교에 오는 목적이라고 할 정도로 축구 경기에 목숨을 건다. 물론 그러기는 이로도 마찬가지다! 평상시에는 모범생처럼 정의만 추구한다고 말하지만, 축구 경기를 하는 이로를 보면 그런 모습은 온데간데없다. 오로지 승리를 위해 싸울 뿐이다.

이로와 승재는 벌써부터 승리를 부르짖으며 운동장으로 들어섰다. 그런데 이게 웬일인가!

"야, 패스해. 이쪽으로!!"

운동장에 벌써 한 무리의 사람들이 축구를 하고 있는 것이 아닌가? 딱 봐도 이로와 승재보다 열 살은 족히 많아 보이는 형들이다. 하지만

형들에게 맞서지 못할 이로가 아니었다. 이미 변호사 고모인 도은이 또박또박 따지는 모습을 여러 번 봐서 학습도 되지 않았겠는가!

"저기, 죄송합니다만. 여기는 저희 초등학교 학생들이 매일 축구 시합을 하는 곳인데요."

이로는 운동장 외곽에서 축구공을 발로 차려는 선수에게 말했다. 그 순간 무리 중 가장 험상궂게 생긴 선수 두 명이 이로에게 다가왔다. 이로를 위에서 아래로 쳐다보면서 말했다.

"아, 그러세요. 여기가 쪼끄만 아이들, 그러니까 너희 두 명의 운동장이세요? 여기 이름도 안 적혀 있는데? 어떻게 이 운동장이 너희 꺼야?"

이로는 험상궂은 형의 말이 무서웠지만, 언제나 당당하게 따지라는 도은의 말을 떠올렸다. 이로는 다시 한 번 떨지 않고 이야기를 이어 나갔다.

"아니요, 저희 운동장이라는 건 아니지만. 저희가 다니는 학교이고, 점심시간에도 저희가 계속 이용해 왔기 때문에……."

"야, 저 쪼끄만 애들이 지금 뭐라는 거냐?"

"아, 그냥 와. 계속 경기나 하자."

험상궂은 표정의 형들은 이로의 말을 듣고도 아랑곳하지 않은 채 축

구를 했다. 결국 승재와 이로는 축구를 하지 못하고 교실로 돌아왔다.

온정이는 시무룩한 표정으로 앉아 있는 승재와 이로를 발견하고 다가왔다.

"웬일이야. 너희들이 점심시간에 축구를 하지 않고 교실에 다 앉아 있다니! 아직 점심시간 30분이나 남았는데?"

온정의 이야기에 이로가 말없이 창문을 가리켰다. 이로의 손짓을 따라 온정이가 창밖을 바라보니, 덩치가 산만 한 형들이 운동장을 누비며

공을 차고 있는 것이 아닌가. 온정이는 사정을 알아채고는 이로와 승재를 위로했다.

"저 사람들, 오늘은 다른 곳에 축구할 곳이 없어서 여기 온 게 아닐까? 아마 내일은 원래 하던 곳에 가서 축구하겠지."

그런데 온정의 예상과는 달리 하루 이틀이 지나도 그 무시무시하게 생긴 형들은 계속 법치초등학교 운동장에 왔다. 그리고 날마다 점심시간에 축구를 했다.

그렇게 며칠이 지나자 승재와 이로는 짜증이 나기도 하고, 분하기도 했다. 둘은 머리를 맞대고 운동장을 되찾을 방법을 찾아보기로 하였다. 며칠을 끙끙 앓다가 드디어 승재가 아이디어를 냈다.

"야, 정이로 걱정하지 마. 내가 드디어 아이디어를 찾았으니 말이야. 그건 바로! 밥을 최대한 빨리 먹고, 저 형들이 오기 전에 미리 축구를 시작하는 것이지."

이로는 좀 정정당당하지 않은 방법 같았지만, 지금 그것을 따질 때가 아니었다. 축구를 며칠이나 못한 탓에 화가 날 대로 난 상태였기 때문이다.

"좋았어! 오늘은 5분 만에 밥을 다 먹고 운동장으로 뛰어나가겠어!"

이로와 승재의 이글거리는 눈빛을 온정이가 신기한 듯 쳐다보았다.

드디어 점심시간이 되었다. 이로와 승재는 한마디 말도 없이 점심밥을 단 5분 안에 다 먹었다. 두 사람은 서둘러 식판을 정리한 뒤 축구공을 들고 냅다 운동장을 향해 달렸다. 얼마나 급하게 먹었는지 이로는 여전히 밥을 씹는 상태에서 축구를 시작했다.

"그것 봐, 헉헉. 내 말이 맞았지?"

승재의 예상대로 운동장에는 아무도 없었다. 그도 그럴 것이 점심시간이 시작되고, 이제 겨우 6분밖에 안 되었다. 축구를 하던 무시무시한 형들만이 아니라, 단 한명도 운동장에 없었다.

"야, 승재야. 우리 오랜만에 지칠 때까지 축구를 해 보자! 여기로 패스해!"

이로가 외치자 승재는 고개를 끄덕이며 축구공을 뻥 찼다. 두 사람은 신 나게 축구를 했다. 이러한 행복이 계속되는 듯했다. 물론, 그 무시무시한 형들이 오기 전까지 말이다.

"야, 쟤네들 좀 봐. 그 쪼끄만 애들 아니야?"

지난번 무시무시한 모습의 선수들이 멀리서부터 큰 목소리로 승재와 이로가 들으라는 듯 외쳤다. 그 소리에 신 나게 공을 주고받던 이로와 승재는 멈춰 섰다.

"야, 너희. 우리가 올까 봐 미리 자리를 맡아 준 거로구나?"

이로와 승재의 옆까지 다가온 무시무시한 형들이 놀리듯이 말했다. 이로와 승재는 형들이 무서워서 고개도 못 들고 괜히 발등만 바라보고 있었다.

"그렇다면, 이 형들이 너희가 더욱 열심히 축구할 수 있도록 도와줘야지."

응? 혹시 같이 축구하자는 이야기일까? 이로와 승재는 혹시나 하는 마음에 무시무시한 형들을 쳐다보았다.

"그래서 말이야. 크큭. 너희가 더 열심히 연습하라고 우리가 이 공을 저 멀리 차 주는 거지!"

말이 끝나자마자 가장 키가 큰 형이 이로와 승재가 연습하던 축구공을 뻥 차 버렸다. 축구공은 멀리 날아가서 학교 담장을 넘어가 버렸다. 승재는 곧 울상이 되었다. 이로와 승재는 이를 악물고 공을 찾으러 달려갔다.

"크큭, 자. 얼른 저 공이 있는 곳으로 뛰어가서 연습을 시작해. 빨리, 빨리! 그래야 이 형들만큼 축구를 잘하게 될 테니 말이야."

두 사람의 등 뒤로 무시무시

한 형들의 웃음소리가 들렸다.

"으아아앙, 내 공 어디 있어. 아빠가 브라질에서 사다 준 공인데. 으아아앙."

도대체 승재의 공은 어디로 날아간 것인지, 도무지 보이지 않았다. 이로와 승재는 점심시간 내내 공을 찾다가 교실로 돌아왔다. 둘의 표정을 보자 심상치 않다고 느낀 온정이가 다가와 물었다.

"너희 또 운동장을 뺏긴 거야? 승재는 왜 울어?"

"운동장만 뺏긴 게 아니야. 내 공도 잃어버렸다고!!"

승재는 이제야 참아 온 울분을 터뜨렸다. 온정이는 걱정스러운 눈빛으로 승재를 쳐다보았다. 그런데 가장 분한 사람은 따로 있었으니, 바로 이로였다. 분명히 무시무시한 형들을 다시 만나면 정정당당하게 할 말을 하겠다고 다짐했는데, 또 비겁하게 물러서고 만 것이다. 이로는 휴대폰을 꺼내 고모 도은에게 전화를 걸었다.

"고모, 나 어떤 무시무시한 형들한테 운동장을 뺏기고, 혼까지 났어. 으아아앙."

늘 법, 법, 법을 외치고 다녀서 깐깐하고 강한 아이인 줄 알았는데, 이로는 끝내 참았던 울음을 터뜨리고 말았다. 이로가 울자 덩달아 승재도 울먹거렸다. 이로가 울먹거리며 말을 제대로 잇지 못하자, 온정이가 이로의 휴대폰을 들고 사정을 설명했다.

"뭐라고? 아니, 누가 우리 이로한테!!!!"

조카의 울음에 가만히 있을 도은이 아니었다. 도은은 당장 가방을 들고 이로의 학교로 향했다.

"저기요, 잠깐만요!"

법치초등학교 운동장에서 우렁찬 목소리가 울렸다. 이건 분명 이로의 고모 도은의 목소리임이 틀림없다. 도은의 목소리를 듣고 온정이가 창밖을 내다보았다. 도은이 나타난 것을 보고는 온정이는 이로와 승재를 데리고 운동장으로 나갔다. 물론 아직도 무시무시한 형들이 무서운 승재와 이로는 온정의 뒤에 숨어 있긴 했지만 말이다.

도은의 목소리에 축구를 하던 선수들은 껄렁껄렁한 태도로 도은의 주위에 몰려들었다.

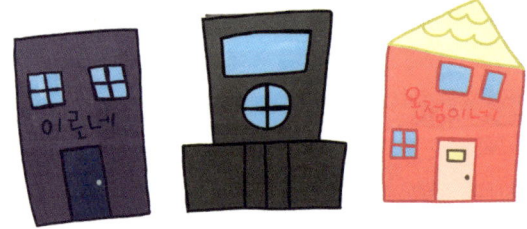

"제가 여기 정이로의 담당 변호사인데요. 제 의뢰인께서 운동장에서 축구를 할 수 없다고 연락이 와서 말입니다."

마구 화를 내면 어쩌나 하는 이로의 걱정과는 달리 도은은 차분한 어투로 말했다.

"뭐, 저 꼬마의 변호사? 나 참 기가 막혀서. 그런데요? 뭐예요?"

승재의 공을 멀리 차 버렸던 선수가 위협적으로 다가와 말했지만, 도은은 하나도 무섭지 않은지 또랑또랑한 목소리로 말했다.

"아니, 제 의뢰인에게 이 운동장이 너네 꺼냐고 하셨다는데, 이 운동장은 이 학교를 다니는 학생들의 것이지요. 법치초등학교를 다니는 학생들의 것. 그렇다면, 이 학교 5학년 3반에 다니는 박승재와 정이로의 운동장이라는 소리죠."

도은은 선수들이 말을 꺼낼 틈도 없이 계속 말을 이어 갔다.

"물론 방과 후에 학교가 개방한다면, 이 학교의 학생이 아니더라도 운동장에서 축구를 할 수 있겠지요. 하지만 이렇게 학생들이 이용하는 시간에 운동장을 마음대로 들어와, 학교 학생들을 위협하며 이용하는 것은 불법이라 보는데, 어떻게 생각하시나요? 또, 제 의뢰인의 말을 들어 보니 무시무시한 협박도 했다던데, 사실입니까?"

도은의 날카로운 질문에 선수들은 아까 보인 껄렁껄렁한 모습이 온데간데없이 사라졌다. 선수들이 아무런 대답도 하지 못하고 서 있자 도은은 앞으로 방과 후에 운동장을 이용하라고 단단히 충고했다. 그리고 점심시간에는 이 학교 학생들에게 운동장을 양보하라는 이야기를 덧붙이며 상황을 마무리하였다.

"야호! 이제 운동장은 우리 차지다! 야, 이로야. 이제 우리 밥을 5분 안에 먹지 않아도 돼."

승재가 신이 나서 외쳤다. 도은은 선수들이 떠난 모습을 확인하고는 승재, 이로, 온정이가 있는 곳을 쳐다보았다. 아니, 아이들이 있는 곳이라기보다는 그 방향의 다른 것을 쳐다보는 것 같았다. 이로가 그런 도은의 모습에 궁금해 물었다.

"고모, 어디 보는 거야? 누구 찾아?"

"아, 아니. 혹시 안 가고 이쪽에 남아 있나 해서…… 그냥."

갑자기 도은이 말을 더듬자 이로는 아무래도 더 이상하게 느껴졌다.

"우와, 진짜 멋있으세요. 지난번에는 옆집이 단 한 번에 방음 설치를 하게 하시고! 그때 저희 삼촌이 막 창피해했어요. 자기가 못한 걸 이로네 고모가 해결했다고요. 크크. 저희 삼촌이 좀 맹하거든요."

"근데, 오늘은 너희 삼촌은 안 오셨니?"

온정의 칭찬을 듣고 도은이 묻자, 온정이는 고개를 저었다.

아까 누군가를 찾는 것도 그렇고, 온정이에게 삼촌이 왔냐고 묻는 것도 그렇고, 이로는 고모의 낯선 모습에 고개를 갸우뚱거렸다.

법치초등학교 법정

이로와 승재의 주장

학교 운동장은 우리 것이다.
학교의 주인은 그 학교의 학생들이므로 운동장은 학생들의 것이다.

선수들의 주장

학교는 국가의 것이 아닌가?
국가의 국민이라면 누구나 마음대로 사용할 수 있다.

✏️ '소유한다'는 것의 의미는?

동생이 갖고 노는 장난감을 뺏으려 하니 "이건 내 꺼야!"라며 소리를 칩니다. 그러고 보니 이 장난감은 아빠가 동생한테 사 준 것이니까 동생의 것이 맞는 것 같기는 하네요. 이렇게 '내 거'라고 자신 있게 말할 수 있는 권리를 바로 '소유권'이라고 합니다. ==어떤 물건에 대하여 당당하게 내 것이라고 말할 수 있는 권리라서 바로 '소유권'이지요.== 여러분은 학생이니까 어떤 것에 대해 소유권이 있을까요? 내가 소유한 연필,

> 소유권, 개인 재산과 행정 재산의 구분

지우개, 가방, 책상, 게임기, 내 방의 물건들 등이 있겠네요.

그런데 만약 저 장난감이 부모님께서 나와 동생이 같이 갖고 놀라고 사 주신 거라면 어떨까요? 내가 소유한 것일까요? 아니면 동생이 소유한 것일까요? 이렇게 **하나의 물건을 여러 사람이 소유하는 경우를 '공동소유'**라고 해요. 하나의 물건에 대한 소유권을 가진 자가 여러 명 있는 것이지요.

소유권은 말 그대로 어떤 물건을 내 마음대로 할 수 있는 권리를 말해요. 어떤 물건이 필요 없으면 남에게 줄 수도 있고, 빌려줄 수도 있고, 또 맘에 안 들면 버릴 수도 있지요. 소유권은 매우 '강력한' 권리여서, 소유권을 가진 자가 아니면 어느 누구도 그 물건을 마음대로 사용하거나 가져갈 수 없어요. 반드시 모든 것은 소유권자가 결정해야만 한답니다.

✏️ 집을 소유한다면?

'집'을 예로 들어 설명해볼게요. 여기 한 채의 집이 있어요. 자세히 보니 이 집은 온정의 집이네요. 이로네 집은 온정이네 집보다 학교에서 조금 더 멀어서, 이로는 학교에서 조금 더 가까운 온정이네 집에 살고 싶어요. 그런데 이 집은 엄연히 온정이의 소유이지요. 그렇다면, 이로는 절대로 이 집에 살 수 없을까요?

정답은 '아니오'예요. 온정이는 집을 소유하고 있으니까, 자기 자신이 그 집에 살 수 있어요. 하지만 다른 사람이 자신의 집에 살도록 '허락'할 수도 있고, 또 집을 누군가에게 맡기고 그에 준하는 돈을 빌려 쓸 수도 있어요. 온정이는 집이 자신의 것이니까 자신이 원하는 대로 할 수 있지요.

✏️ 학교 운동장은 누구의 소유일까?

학교는 '국립'과 '사립'으로 나눌 수 있어요. 국립은 국가에서 지은 학

소유권, 개인 재산과 행정 재산의 구분

교를 말하고, 사립은 개인이 지은 학교를 말하지요. 초등학교는 보통 국가에서 지은 국립인 경우가 많아요. 국립 학교인 경우 학교 운동장은 그 학교를 관리하는 지역의 행정기관이 '소유'합니다.

이것을 행정기관이 가진 재산이라 하여 '행정재산'이라 해요. 행정재산은 그 행정기관이 소유하는 것으로 되어 있으나, 결국 그 행정 지역의 주민들을 위한 것이므로, 행정 지역의 주민들이 자유롭고 편하게 사용할 수 있도록 규정을 정하여 관리한답니다.

각 지역마다 규정이 다르겠지만, 방과 후에는 학교 학생들이 아닌 주민들에게 운동장을 개방하는 경우도 많아요. 그러니, 앞으로는 방과 후에 학교 운동장을 사용하면 좋을 것 같네요.

여러분도 함께 생각해 봐요!

나에게 소유권이 있는 물건들은 어떤 것이 있는지 생각해 보세요. 하나의 물건을 여러 사람이 공동으로 소유한다면, 어떤 문제가 발생할 수 있을까요?

LEGAL MIND

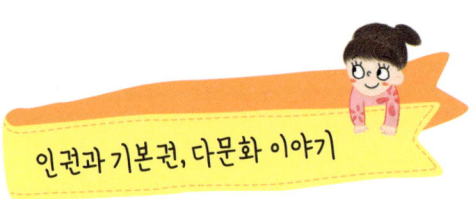

인권과 기본권, 다문화 이야기

축제에서 두근두근!

"네, 그럼 제가 내일 전화 드리겠습니다."

집 앞 골목길을 걸어가며 휴대폰으로 통화하던 도은은 전화를 끊고 나서 한숨을 내쉬었다. 지금 시각 밤 11시 10분. 요즘 맡은 사건들이 많아 거의 매일 야근을 하는 도은이었다. 이렇게 밀려드는 일에 움츠려들 도은은 아니지만, 몸이 피곤해지니 괜히 짜증이 나는 것은 어쩔 수 없었다.

쾅!

순간 들리는 굉음에 도은은 눈을 질끈 감고, 비명을 질렀다.

"엄마야, 깜짝이야."

쾅 소리와 함께 온정이네 집 대문이 열렸다. 그리고 자기 몸집만큼 커다란 쓰레기봉투를 들고 나오는 사람이 있었으니, 바로 온정의 삼촌인 익한이었다. 쓰레기봉투가 얼마나 큰지 익한의 얼굴을 다 가릴 지경이었다. 익한은 도은의 비명 소리에 놀라, 들고 나오던 쓰레기를 내려놓고 앞을 바라보았다. 그리고 도은임을 알아채고는 반갑게 인사했다.

"어, 안녕하세요. 온정이 친구 이로의 고모님이시죠? 지난번 옆집의 일을 해결해 주셔서 무척 감사했어요. 아직 고맙다는 인사도 못 드렸네요. 그나저나 많이 놀라셨나 봐요. 이렇게 깜깜한 밤중에 문을 벌컥 열면 안 되는 건데, 보시다시피 제가 쓰레기를 두 손으로 드느라 할 수 없이……."

지난번에 보고 나서 이번이 두 번째로 보는 건데, 익한은 어색하지도 않은지 술술 말을 이어갔다. 익한의 선한 인상과 바른 말투, 예의 있는 표정이 도은의 눈에 자연스럽게 들어왔다. 도은은 별 말 없이 이야기를 듣고 있다가 입을 열었다.

"근데, 어디 이사라도 가세요? 무슨 쓰레기가 그렇게나 많아요?"

"아, 이거요. 이주노동자들을 위한 축제가 우리 마을 주민센터 앞에서 열리거든요. 온정이랑 경품을 포장하고, 선물로 이것저것 만들었는

데, 결과물보다 쓰레기가 더 많네요. 하하."

익한은 겸연쩍은지 머리를 긁적이며 말했다.

"아, 혹시 고모님도 시간되면 오시겠어요? 함께 떡도 만들어 먹고, 사진도 찍고, 줄다리기……."

익한은 이야기를 계속하다가 도은이 싸늘한 표정으로 말없이 서 있는 걸 알아채고는 곧 말을 멈췄다.

"아, 바쁘시겠죠. 그럼 다음에 뵙겠습니다. 조심히 들어가세요."

익한은 90도로 허리를 꺾어 인사하고는, 다시 쓰레기장으로 향했다.

"아직 안 간다고 말하지 않았는데……."

익한이 가고 나자 도은은 작은 목소리로 중얼거렸다.

도은은 인권에 관심도 없고, 그와 관련된 활동을 해 본 적도 없었다. 굳이 찾아보자면, 국선 변호인으로 몇 번 일해 본 것이 전부다. 하지만 이상하게 동네 골목에서 익한을 만난 이후로 자꾸만 '이주노동자 축제'에 관심이 갔다.

'뭐, 이제 인권에 관심을 가질 때도 되었지. 그래, 맞아. 인권에 관심이 있어서 가는 거라고. 이

로랑 같이 가면 덜 어색할 거야.'

도은은 혼자 골똘히 생각하다 벌떡 일어났다. 그러고는 거실에 누워 책을 보고 있는 이로에게 다가갔다.

"이로야, 너 주말에 온정이가 간다는 이주노동자 축제에 가니?"

"아니, 난 승재랑 주말 내내 축구하기로 했는데? 요즘이 얼마나 축구하기 좋은 날씨인데! 생각만 해도 가슴이 뛰는구려. 음허허."

이로는 벌써부터 신이 나는지 책을 덮고는 기분 좋게 대답했다. 도은은 이로의 대답을 듣고는 미간을 찌푸리며 말했다.

"이로야, 온정이는 벌써부터 인권 운동에도 관심을 갖고, 정의로운 삶을 살기 위해 노력하는데, 미래의 법조인이 되겠다는 네가 축구만 해서는 되겠니? 온정이가 하는 이런 활동을 하지 않는다면 과연 정의로운 어린이라고 할 수 있을까?"

이로는 고모가 왜 이런 말을 하는지는 잘 모르겠으나, 지난번에 눈치 챘던 것을 질문해 보기로 했다.

"혹시 그 축제라는 게, 온정이네 삼촌이 일하는 인권 사무소에서 하는 거 아니야?"

도은은 냉큼 고개를 끄덕였다. 그러자 이로는 갑자기 흔쾌히 대답했다.

"아, 그렇구나! 나야, 뭐. 고모가 간다는데 당연히 따라가야지."

도은은 이로에게 그럼 주말에 같이 가자고 말하며, 신이 난 표정으로 방으로 들어갔다. 도은이 방에 들어가자 이로는 턱을 괴며 중얼거렸다.

"뭔가, 이상해. 고모가 웬 인권 사무소? 진짜 익한 삼촌한테 관심 있나?"

토요일 아침, 새벽부터 서둘러 일어난 도은은 이것저것 챙기느라 여념이 없었다. 고모가 평소와 달리 허둥지둥하는 것을 지켜본 이로는 아리송한 표정을 짓고 있었다. 두 사람은 축제가 열리는 주민센터로 향했다.

"이로야!"

온정이가 먼저 이로를 발견하고 손을 흔들었다. 왜 따라온 것인지 모르겠으나, 온정이가 축제에 참가한다는 소식을 들은 승재가 이로보다 먼저 온정이에게 손을 흔들었다.

"어, 승재도 왔네. 아, 고모님, 안녕하세요."

밝고, 명랑한 온정의 인사를 받자 도은은 절로 기분이 좋아지는 것 같았다. 익한도 그렇고, 온정이도 그렇고, 온정이네 집안사람들은 모두 밝은 미소를 짓는 것 같았다.

익한은 이로와 도은이 왔다는 소리를 듣고 앞으로 나와 인사했다. 이로와 온정, 승재는 자연스럽게 아이들이 모여 있는 곳으로 갔다. 도은은 익한과 함께, 익한이 속한 단체의 사람들이 있는 곳으로 향했다.

"안녕하세요. 변호사님이라고 이야기 들었습니다. 저희 단체에도 법률 상담이 많이 들어오는데, 저희가 제공할 수 있는 법률 지식에는 한계가 있어서요. 이렇게 가끔씩 법률 상담을 도와주시면 정말 좋을 것 같습니다."

익한이 속한 단체의 한 직원이 악수를 건네며 이야기를 했다. 도은은 상냥하게 인사를 건넸다. 그런데 그 순간 도은의 눈에 미녀 한 사람이 들어왔다. 그녀는 바로 한유영이라고 하며, 익한과 같은 단체에서 활동하는 대학 후배라고 한다.

"안녕하세요. 오신다는 말씀 들었습니다. 오빠, 이 분이 지난번 그 드러머 일을 해결해 주신 분?"

유영이 미소를 지으며 익한에게 묻자, 익한은 역시 환한 미소로 고개를 끄덕였다.

'뭐 오빠?'

도은은 자신을 친절하게 맞이하는 유영이 괜히 거슬렸다. 뭐랄까. 분노? 질투? 도은은 아무 잘못도 하지 않은 유영에게 이상한 감정이

드는 것 같아 애써 침착하려 하며 억지로 미소를 지었다.

"혹시, 괜찮으시면 여기 찾아온 분이 계신데 법률 상담을 부탁드려도 될까요? 의류 공장에서 6개월 넘게 일한 필리핀 노동자인데, 아직까지 임금을 못 받았다고 해서요."

익한은 도은에게 물어보자 도은은 속마음을 들키지 않기 위해 더더욱 온화한 미소를 지으며 고개를 끄덕였다. 도은의 허락에 익한과 유영은 기뻐하며 함께 사무실로 이동했다.

도은 앞에는 세 살배기 아이를 안고 있는 필리핀 여성이 있었다. 이 여성은 일 년 전에 한국에 와서 여러 공장을 옮겨 다니며 일했다고 한다. 가장 오래 있었던 의류 공장에서 6개월이 넘도록 월급을 주지 않았다. 그녀가 왜 월급을 주지 않냐고 했더니 공장에서 나가라고 했다는 것이다. 여성은 어떻게 해야 밀린 임금을 받을 수 있을지 모르겠다며 울먹거렸다. 도은은 필리핀 이주노동자의 사연을 듣고는 울컥한 나머지 자기도 모르게 그녀의 손을 붙잡았다.

"제가 임금을 받을 수 있도록 도와드릴게요."

도은의 대답을 듣자 이 여성은 서툰 한국말로 연신 고맙다고 인사를 하였다.

도은이 만난 사람은 이 여성뿐만이 아니었다. 이주노동자들의 축제라고는 했지만, 여러 가지 법률 문제로 고통 받는 사람들이 많았다.

어떤 사람은 아직 한국 국적이 없어 아이들의 학교를 어떻게 보내야 할지 모르겠다고 질문했다. 또 다른 사람은 몸이 아파 병원에 가고 싶은데, 의료보험 때문에 갈 수 없다며 어떻게 해야 하는지를 물었다.

사실 도은이 있는 법률 사무소에는 항상 빌려준 돈을 받지 못하거나, 이혼을 한다거나, 사기를 친 사람을 고소하는 사건들에 대한 상담이 많았다. 그런데 이주노동자들의 법률 상담은 모두 '생존'과 관련된 것들이었다. 도은은 이야기를 들으며 가슴이 먹먹해지는 것을 느꼈다.

얼마의 시간이 지났을까. 법률 상담이 끝나갈 즈음에 이로가 들어와 상기된 목소리로 말했다.

"고모, 나 좀 봐. 승재랑 나랑 축구공 제기차기 대회에서 이걸 상품으로 받았어."

이로의 손에는 이국적인 실로 만들어진 전통 인형이 들려 있었다. 이 축제에 참가한 이주노동자들이 만든 것이다. 고모는 그런 이로가 귀여워 머리를 쓰다듬어 주었다. 상담이 끝나자 익한이 다가와 인사를 건넸다.

"오늘 정말 감사했습니다. 덕분에 저희가 몰랐던 부분도 많이 알게 되었고, 또 이주노동자들의 문제도 어떻게 해결해야 하는지 알 수 있었어요."

익한 옆에는 유영도 함께 서서 고마운 눈빛을 도은에게 보냈다.

"뭘요. 인간이라면 누구나 누릴 수 있는 헌법상 권리인데, 이주노동자들이 보장받지 못하고 있는 것이 속상할 뿐이죠. 도움을 드릴 수 있어 저 역시 좋았습니다."

도은의 예의 바른 인사에 익한은 절로 미소가 나왔다.

"이로야, 이제 그만 가자. 고모가 들어가서 해야 할 일이 있어."

도은은 익한과 유영에게 인사하고 먼저 나갈 준비를 하였다. 이로는 얼결에 도은을 따라 급하게 자리를 떠났다.

집으로 돌아오는 길에 도은은 이것저것 생각이 많아 보였다. 이로는 그런 도은을 보며 이전부터 궁금했던 것을 용기 내어 직접 물어보기로 하였다.

"고모! 나 궁금한 거 있는데 말이오."

이로는 왠지 어색한 기분이 들어 일부러 장난스럽게 사극 어투로 물어보았다.

"응, 뭐?"

"혹시…… 고모 말이오. 온정이네 삼촌, 그러니까 익한 삼촌을 좋아하는 거요?"

이로의 말에 순간 도은은 입이 떡 벌어졌다.

"뭐? 그게 무, 무슨? 나 참. 내가 진짜. 어휴……."

도은은 평소와는 다른 말투로 말을 잇지 못하다가 이내 이로를 두고 재빨리 앞으로 걸어 나갔다.

"음. 아무래도 내 말이 맞는 모양이로구만."

도은의 그런 모습을 보자 이로는 자신의 생각이 맞다고 확신이 들었다.

유익한 인권 사무소 이야기

안녕하세요. 어린이 여러분!
유익한 인권 사무소의 소장 유익한입니다.
요새 TV에서 자주 등장하는 단어가 바로 '인권'이지요.
인권이란 무엇인지 저와 함께 알아볼까요?

✏️ 사람이라면 누구나 가지고 있는 권리

인권이란, 사람 인(人), 권리 권(權), 영어로는 'human rights'라고 표기해요. 즉, 단어 그대로 사람이라면 누구나 가지고 있는 권리를 말하지요. 앞서 '소유권'에 관하여 이미 공부하였지요? 소유권은 어떤 물건을 가지고 있어야만 생기는 권리인데, 인권은 어떤 물건을 가지고 있지 않아도 그냥 '인간'이라면 누구나 평등하게 모두 갖고 있는 권리예요.

인권은 우리나라의 최고 법률인 〈헌법〉이 보장하고 있어요. 그중 몇 가지를 살펴보면 생명권, 행복추구권, 자유권, 평등권, 참정권, 노동권 등의 권리들이 있어요. 헌법에서는 이렇게 인간의 생활과 밀접한 인권

인권과 기본권, 다문화 이야기

과 관련된 권리들을 묶어 '기본권'이라고 불러요. 이름 그대로 인간이라면 보장해야 할 '가장 기본 중의 기본의 권리'라는 뜻이지요. 대한민국 헌법에서는 대한민국 국민이라면 누구나 나이가 많건 적건, 학식이 높건 낮건, 어떤 조건도 없이 기본권이 보장되어 있답니다.

외국인에게 인정되는 기본권

여기서 한 가지 드는 의문점이 있어요. 그건 바로 대한민국 국민이 아닌, 다른 나라 사람들한테도 헌법에 보장하는 권리를 모두 보장해 줄 것인지에 관한 문제입니다. 어떻게 보면 대한민국 헌법은 우리나라의 법률인데, 외국인들한테 그 모든 권리를 보장해 줄 필요가 있나 하는 의문을 품을 수 있지요.

정답을 우선 말하자면, 일부는 권리를 인정해 줍니다. 또 다른 일부는 권리를 인정해 주지 않고 있어요. 어떤 권리를 인정해 주고, 또 어떤 권리를 인정해 주지 않는지의 기준은 무엇

일까요? 바로 '대한민국 국민'이어야 된다는 기준이랍니다.

외국인에게도 곧바로 인정해 주는 기본권으로는 인간이라면 누구나 누릴 수 있는 권리, 바로 생명권, 행복추구권, 자유권, 평등권 같은 권리가 있어요. 인정해 주지 않는 기본권으로는 대한민국 국적을 가진 국민이어야만 누릴 수 있는 권리 즉, 투표를 할 수 있는 참정권, 대한민국에 세금을 내는 노동자만이 인정되는 노동권 등이 있지요.

✏️ 인권 문제는 어디에 가서 이야기해야 하나요?

우리나라에서 일하는 외국인 노동자들이 점점 늘어나고 있어요. 그만큼 의료보험이나 교육 문제 등 분쟁이 일어나고, 해결해 나가야 할 문제들이 많아요. 인권에 관한 문제가 생겼을 때, 어디에 가서 이 문제를 이야기해야 할까요? 법원에 가서 이야기해야 하는 것일까요?

'**국가인권위원회(www.humanrights.go.kr)**'는 대한민국 내에서 일어나는 인권에 대한 정책을 세우고, 잘못된 점을 고치면서 인권을 보호해 나가는 곳이에요. 인권을 보호하고 향상시키기 위해 필요하다고 인정하는 경우, 인권 관련 법령이나 정책을 조사하고 연구하지요. 또 인권이 침해받는 일이 생기면 잘못된 점을 바로잡을 수 있도록 직접 알

인권과 기본권, 다문화 이야기

  리거나, 의견을 전달하는 역할을 한답니다.

  또한 국가인권위원회는 인권의 보호와 향상에 중대한 영향을 미치는 재판이 진행되고 있는 경우, 법원 또는 헌법재판소의 요청이 있거나 필요하다고 인정하는 때에 법원의 담당재판부 또는 헌법재판소에 법률 사항에 관한 의견을 낼 수 있어요. 지금까지 국가인권위원회가 인권을 보호하기 위하여 의견을 제출한 것으로는 초등학교 일기장 검사에 관한 의견, 사형제 폐지에 관한 의견, 비정규직 근로자의 차별 대우를 개선하는 것에 관한 의견, 외국인 근로자 고용에 관한 법률 개선 권고 등이 있었답니다.

여러분도 함께 생각해 봐요!

국가인권위원회에서 초등학교 일기장을 검사하는 것에 관해서 인권 침해가 될 수 있다고 의견을 낸 적이 있는데요. 어린이들에게 일어날 수 있는 인권 침해 문제는 어떤 것들이 있을지 생각해 봅시다.

도로교통법, 과실 이야기

교통사고는 과연 누구 잘못?!

"엄마, 빨리, 빨리. 이것도."

거실과 방을 이리저리 헤집고 뛰어다니는 이로 때문에 도은은 도통 정신이 없었다.

"정이로, 좀 가만히 있어."

도은은 신경질적인 목소리로 말했다. 모처럼의 여름휴가인데 마침 방학을 맞이한 이로 덕분에 정신없는 날들을 보내고 있는 도은이었다.

"아가씨, 진짜 같이 가지 않을래요?"

이로 엄마가 도은에게 물었다. 오늘은 이로네 가족이 휴가를 떠나기로 한 날이다. 도은은 이미 이번 휴가에서 빠진다고 말했는데, 이로 엄마가 한 번 더 권하는 참이다.

"전 안 갈래요. 사람이 많은 곳에 가면 더 덥기만 해요. 새언니랑 오빠랑, 그리고 저 시끄러운 이로랑 잘 다녀오세요. 근데 올해도 옆집 온정이네랑 같이 가요?"

도은의 질문에 이로가 잽싸게 끼어들어 대답했다.

"그럼, 고모. 온정이네도 같이 가지. 익한이 삼촌도 같이!"

이로는 일부러 큰 목소리로 말했다. 순간 도은이 살짝 당황해하자 이로는 냉큼 말을 이었다.

"익한이 삼촌이 온정이한테 이로네 고모도 오냐고 물었다던데?"

도은은 이로의 말에 눈이 휘둥그레졌다. 이로는 씨익 웃으며 얼른 짐을 챙기라는 듯이 손짓했다. 도은은 갑자기 자리에서 일어났다.

"아, 그럼 새언니도 자꾸 가자고 하고, 이로도 이렇게 졸라 대니. 가서 머리나 식히고 올까 봐요. 집에서 혼자 밥해 먹기도 싫고, 날도 덥고!"

도은은 굳이 설명하지 않아도 되는 이유들을 늘어놓으며 재빨리 방으로 향했다. 신 나서 짐을 챙기려 하는 도은을 보자 이로는 웃음이 나왔다.

"삼촌, 이거 좀 빨리 들어 줘. 이것도."

여름 바다에 갈 생각에 온정이가 들떴는지, 아침부터 정신이 없다.

"도련님이 같이 간다니까 온정이가 더 신 났나 봐요. 그동안 계속 외국에 있어서 같이 갈 수 없었잖아요."

온정 엄마가 익한에게 웃으며 말했다. 그 말에 익한은 미소를 지으며 서둘러 짐을 차에 옮겨 실었다. 바로 앞에는 이로네 집 차가 있었다. 이로네 식구들도 짐을 옮겨 싣느라 여념이 없었다. 바로 그때 익한의 눈에 들어온 한 사람이 있었으니 바로 도은이다.

"어? 안녕하세요."

익한은 반갑게 인사를 건넸다. 도은은 익한에게 살짝 미소를 지었다. 그 순간 좋은 분위기를 깨는 이로의 큰 목소리가 들려왔다!

"고모, 뭐야. 아까까지 안 간다더니 준비를 엄청 빨리, 읍!"

도은은 성급히 이로의 입을 틀어막고 익한에게 눈으로 인사한 후 차에 올라탔다.

"아, 고모, 왜. 아까는 안 간다며?"

"어휴, 진짜. 내가 너 때문에 정말."

도은은 가슴을 쓸어내리며 말을 채 잇지 못하고 창밖을 슬쩍 보았다. 익한은 짐을 싣고 있었다. 도은의 입가에 슬쩍 미소가 걸렸다.

드디어 두 가족 모두 휴가지로 출발했다! 이로네도, 온정이네도 모두 신이 났다. 여름 바다를 향하는 길. 온정이는 라디오의 음악을 따라 부르며 설렘을 만끽했다.

국도를 따라 달리자 지나치는 산 풍경은 모두 초록색 옷을 입어 푸르렀다. 창문을 열자 불어오는 바람에서 풀잎의 향이 나는 것 같았다. 앞선 이로네도, 뒤에서 따라오는 온정이네도 모두 한껏 휴가 기분에 들떠 있었다.

끼이이이이이익!

그런데 그 순간, 이로네 차가 급브레이크를 밟아 멈췄다. 너무 갑자기 멈춘 탓에 온정이네는 그대로 이로네 차와 충돌하고 말았다.

"까아아악!"

앞차의 이로, 뒤차의 온정의 비명 소리가 들렸다. 정신을 차린 온정이네 가족과 이로네 가족이 모두 차에서 내렸다. 다행히 다친 사람은 없었지만, 이로네 차와 뒤에 있던 온정이네 차가 모두 부서져 있었다. 특히 이로네 차는 중간에 낀 상태여서 앞과 뒤가 모두 부서진 상태였다.

도은이 재빨리 차에서 내려 상황을 살펴보니, 3차선에 있던 트럭이 무리하게 차선을 변경해서 1차선으로 옮기던 도중에, 2차선에서 급정거를 한 모양이었다. 그 바람에 뒤에 있던 이로네가 트럭의 뒷부분에 부딪히게 된 것이다.

"나, 참 이거…… 바빠 죽겠는데……."

트럭에서 내린 운전사는 다짜고짜 뒷목을 잡고 내렸다. 그러고 나서는 이로네와 온정이네 가족이 서 있는 곳으로 걸어왔다.

"아이고, 목이야. 허리야. 대체 운전을 어떻게 하는 거야? 이거 어떻게 할 거냐고?"

한눈에 봐도 덩치가 큰 트럭 운전사는 이로네 차를 운전한 이로 엄마를 가리키며 반말로 따졌다. 그뿐만이 아니었다. 트럭의 조수석 문이 열리더니, 이번에는 한 아주머니가 이마를 짚으며 차에서 내렸다.

"아이고, 머리야. 얼마나 세게 박았는지. 여기 혹이 생긴 거 아닌지 몰라. 여보, 괜찮아? 일할 수 있겠어? 당장 병원에 입원부터 해요."

운전자인 이로 엄마는 당황한 얼굴로 트럭 운전사에게 다가갔다.

"괜찮으세요? 저희 가족은 다행히 괜찮은 것 같은데, 혹시 어디가 아프면 병원에 먼저 가보셔야 하는 건 아닌가요."

"지금, 우리가 괜찮아 보여? 아니, 아줌마가 집에서 살림이나 하지, 운전하겠다고 길에 나오니까 맨날 이렇게 교통사고가 나는 거 아니야. 우리 둘 다 당장 병원에 누워 있어야 할 지경이야. 이거 어떡할 거냐고? 어? 아줌마가 다 책임져야지?"

이로 엄마는 당황한데다가 위협적인 트럭 운전사의 말에 더욱 움츠러들었다. 그 모습을 본 이로가 순간 화가 났는지 끼어들었다.

"아니, 아저씨. 다친 곳이 있으면 병원에 가는 건 맞지만, 왜 우리 엄마한테 반말하세요? 그리고 우리만 잘못한 건 아닌 거 같은데요?"

이로가 또박또박 말하자 트럭 운전수는 조그만 게 어른들의 이야기에 끼어든다며 꿀밤을 주었다. 이로가 꿀밤을 맞자, 도은은 화가 나 앞으로 박차고 나왔다.

"기사님, 이건 저희만의 잘못은 아니라고 생각합니다. 분명히 깜빡이도 켜지 않고 갑자기 끼어드셨잖아요. 다시 말해 도로교통법 제38조 제1항 차선 변경 시 깜빡이를 켜지 않으셨고, 또."

도은의 또랑또랑한 목소리가 강원도 산자락에 울려 퍼졌다. 하지만 트럭 운전사는 도은의 말을 끊고 오히려 화를 내기 시작했다.

"나 참, 지금 상황이 어떻게 돌아가는지 안 보이나? 난 그 도로교통법인지 뭔지 모르겠고, 그쪽이 먼저 내가 끼어드는데도 차를 하나도 멈추지 않고 따라붙어서 이렇게 된 거 아니야? 그리고 내가 깜빡이를 안 켰다는 증거 있어? 없잖아. 법을 따질 필요도 없고, 목소리 큰 아줌마! 우리는 병원에 갈 거니까 그런 줄 아쇼. 트럭 수리비랑 병원비랑 다 물어내라고."

트럭 운전사는 모든 잘못이 이로네 차에 있다며 소리를 지르며 말했다.

"뭐, 목소리 큰 아줌마? 아직 결혼도 안 했는데 아줌마라니, 이 사람들이!!!"

막무가내로 우기는 트럭 운전사의 이야기에 평소 침착하고 또박또박하게 말하던 도은마저 큰 소리를 질렀다. 도은이 이렇게 화가 난 것은 아무래도 '아줌마'라는 말 때문인 것 같았다.

"아니, 이 아줌마가 어디에다 대고 소리를 질러?"

이번에는 트럭 운전사의 아내가 도은의 어깨를 밀며 소리를 쳤.

한낮의 내리쬐는 태양 아래서 이로네 가족, 트럭 운전사와 그 아내는 고래고래 소리를 지르며 싸움을 시작했다. 싸움의 틈바구니 속에서

온정이네 가족은 이를 말리느라 정신이 없었다. 여름휴가를 간다고 모두 신 나는 마음으로 출발했건만, 대체 이게 무슨 일이란 말인가?

"저기요, 모두 스톱!!!!!!!"

바로 그때 익한의 목소리가 들려왔다. 싸우던 사람들, 싸움을 말리던 사람들

모두 익한을 쳐다보았다. 사람들의 이마에는 땀이 송골송골 맺혀 있었고, 잔뜩 열이 올라 붉어진 얼굴을 다들 찌푸리고 있었다.

"모두 싸움을 그만 멈추세요. 제가 보험회사에 연락했어요. 그리고 형, 우리 차에 블랙박스 있잖아. 그걸로 깜빡이를 켰는지 확인해 보면 될 것 같은데."

순간, 온정 아빠는 얼마 전에 차에 설치한 블랙박스가 떠올랐다. 블랙박스 영상을 확인해 보면, 깜빡이를 켰는지 안 켰는지를 바로 알 수 있을 것이다.

"자, 날도 더운데 그만 싸우시죠. 보험회사가 올 때까지 차를 길 한쪽으로 대고 기다리기로 하죠. 다들 진정하시고요."

익한은 미소를 지으며 트럭 운전사에게 말했다. 그제야 사람들은 싸움을 멈추고 뒤를 돌아보았다. 이로네 차, 온정이네 차와 트럭으로 길이 꽉 막혀 도로 위에는 자동차들이 붐비고 있었다.

트럭 운전사는 머쓱한지 먼저 트럭을 도로의 가장자리로 주차했다. 이로네, 온정이네 자동차도 한 줄로 트럭을 따라 주차하였다. 도은은 아직도 분이 안 풀렸는지 차 안에 꼼짝도 않고 앉아 있었다.

얼마 지나지 않아 차 창문을 두드리는 소리가 들렸다. 도은이 창문을 바라보니 익한이 캔 음료수를 들고 서 있었다. 도은이 차문을 열자 익한이 음료수를 건넸다.

"방금 아이스박스에서 꺼낸 거라 시원해요. 이거 드시고 화 푸세요. 애들은 벌써 다 잊은 모양이에요. 하하."

도은이 익한의 뒤를 보니 시원한 음료를 마시며 한껏 떠드는 온정이와 이로가 보였다. 벌써 아까의 화는 다 잊었는지 즐거운 모습이다.

"고마워요."

도은은 음료를 받아들고 살짝 미소를 지었다.

다행히 얼마 지나지 않아 보험회사에서 담당자가 나와 교통사고는 일단락을 지었다. 우여곡절 끝에 드디어 두 가족은 바다에 도착했다! 교통사고 때문에 거의 해가 질 때쯤 바다에 도착했지만 망망대해를 보니 다들 사고쯤은 잊은 것 같았다. 이로와 온정이는 바다를 보자마자 호들갑을 떨며 뛰어들었다. 튜브를 끼고 바다에서 물놀이를 즐기다 이로가 온정이에게 대뜸 물었다.

"야, 유온정. 너희 삼촌 말이야. 혹시 여자 친구 있어?"

"응? 갑자기 자다가 봉창 두드리는 소리야."

이로의 갑작스런 질문에 온정이 의아한 얼굴로 되물었다.

"아니, 너희 삼촌도 우리 고모처럼 모태솔로인가 해서."

"훗, 뭐야. 우리 삼촌 인기 엄청나게 많아. 스위스에 가기 전에는 만

날 우리 집에 찾아오던 팬들도 있었는걸! 근데 지금은 여자 친구가 없을 거야. 그러고 보니 요즘은 팬들도 안 보이네."

"아, 그래? 그럼 지금은 여자 친구도, 팬들도 없는 거지? 다행이다. 우리 고모가 너희 삼촌을 좋아하는데, 여자 친구가 있으면 안 되잖아."

"진짜야? 나 너희 고모 좋은데! 도은이 고모가 우리 삼촌 여자 친구 하면 좋겠다."

"그래? 그나저나 너희 삼촌이 혹시 깐깐하고, 말끝마다 따지는 여자 스타일은 별로 안 좋아하지?"

이로는 도은의 평소 모습을 떠올리며 이야기했다.

"훗, 근데 이로야. 우리가 걱정할 필요는 없을 것 같다."

온정이는 가만히 해변에 앉아 있는 도은과 익한을 가리켰다. 뭐가 그렇게 즐거운지 도은과 익한은 까르르 웃으며 대화를 나누고 있었다.

"오, 뭐야. 이제 우리 고모도 모태솔로에서 벗어나는 거야? 키키."

도은의 모습을 보자 괜히 놀리고 싶어지는 이로였다.

정도은 변호사의 법률 상식

✏️ **교통사고는 도로교통법이 따로 있다!**

　도로를 달리다 보면 커다란 전광판에 '오늘의 교통사고 ○건'이라고 표시된 것을 볼 수 있어요. 대한민국에서 하루 동안 가장 많이 일어나는 사고를 꼽으라면, 당연히 교통사고를 꼽을 정도이지요. 그만큼 교통사고는 빈번하게 일어나는 사고 중의 하나예요.

　교통사고는 단순히 자동차끼리 살짝 부딪히는 접촉 사고뿐만 아니라, 사람을 다치게 하거나, 심할 경우 사망에 이르게 하는 경우까지 있어, 사고 형태가 매우 다양해요. 그래서 형법이 아닌, 따로 〈도로교통법〉이라는 특별법을 두어 교통사고와 관련한 형벌을 규정하였답니다.

도로교통법, 과실 이야기

✏️ 내 잘못? 네 잘못?

　TV 드라마에도 자주 나오는 장면이지요. 교통사고가 나면 서로 '내 잘못이 아니라, 네 잘못이라고' 싸우는 경우가 많아요. 실제로 교통사고는 누구의 잘못인지 분별하기가 어려운 경우가 많지요.

　교통사고가 났을 때 이렇게 싸우는 이유는 바로 '과실'에 따라 서로 책임질 부분이 달라지기 때문이에요. '과실'이란 '부주의로 인한 잘못'을 뜻하는 단어로, 실생활에서 쓰는 비슷한 단어로 '실수'를 의미해요. 만약 A 운전자가 아무런 과실 없이 도로에서 자신의 자동차를 운전하고 있는데, 갑자기 B 운전자가 끼어들어 사고가 났다면, 이 교통사고는 B 운전자가 책임을 지고 보상해야 하는 것이지요.

　이번 사건의 경우를 살펴볼까요? 먼저 갑자기 차선을 바꾸는데 깜빡이를 켜지 않고 바꾼 트럭운전사의 과실과, 앞에 끼어든 자동차를 보고 빨리 멈추지 못해 사고가 일어난 이로 엄마의 과실을 따져 봐야 해요. 누구의 잘못이 더 큰지를 비교하여 밝혀야 하지요.

　옛날에는 이러한 과실을 증명할 방법이 없어서 도로에서 주먹다짐까지 하며 다투는 경우가 많았어요. 하지만, 최근에는 차량에 블랙박스(자동차 주행 장면을 기록하는 장치)를 설치하는 경우가 많아서, 직접

영상을 보면서 잘못을 가릴 수 있게 되었어요.

✏️ **교통사고로 사람이 죽었다면, 살인죄?**

많은 어린이 친구들이 궁금해하는 질문 중 하나를 살펴볼게요. 바로 '교통사고로 사람이 죽었다면 살인죄일까'란 질문이에요. 살인죄는 사람을 죽이려는 '나쁜 의도'로 실제 사람을 죽인 행위를 한 범죄자를 처벌하는 죄명을 말해요. 만약 교통사고를 일으킨 운전자가 잠깐 다른 곳을 보다가 건널목을 건너가는 사람을 못 보는 바람에 교통사고가 나서 보행자가 사망했다면, 살인죄라 할 수 있을까요?

정답은 '아니오'예요. 왜일까요? 운전자는 보행자를 죽이려고 하는 나쁜 의도가 없었기 때문에 살인죄가 되지는 않지요. 다만, 실수 즉 '과실'로 사람을 죽음에 이르게 한 경우에는 '치사죄'라는 죄로 다스리게 됩니다.

나쁜 의도로 사람을 죽인 것은 아니지만 과실로 사람을 죽게 하였으니, 살인죄보다는 낮은 형벌로 다스리는 것이지요.

도로교통법, 과실 이야기

실제 사건을 통해 알아봐요!

❶ **자전거와 자동차가 사고 난 경우, 누구의 과실일까요?**
자전거 전용 도로라면 자동차의 100% 과실로 인정되지만, 일반 도로라면 자전거 운전자와 자동차 운전자의 과실을 따져 보아야 합니다.

❷ **아파트 사이에 있는 길에서 난 사고도 교통사고라고 할 수 있을까요?**
아파트 사이에 있는 도로는 엄연히 말하면 자동차가 달리는 '도로'라고 할 수는 없지만, 사이에 난 길이 도로로 연결된다면 '도로'라고 할 수 있어요. 따라서 아파트 사이의 길에서도 교통사고가 나지 않도록 주의해야 한답니다.

❸ **신호등이 없는 횡단보도를 건너는데 자동차에 치였다면 어떻게 될까요?**
신호등이 없어도 길에 횡단보도의 표시가 그려져 있다면, 이곳은 보행자를 우선적으로 보호하는 횡단보도예요. 따라서 횡단보도를 건너는 보행자를 자동차가 친 경우라면 〈도로교통법〉에 따라 가중 처벌을 받을 수 있답니다.

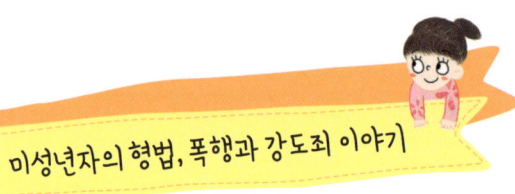

미성년자의 형법, 폭행과 강도죄 이야기

왕따 당하는 친구에게 도움을!

긴 여름방학이 끝나고 드디어 새 학기가 시작되었다! 법치초등학교 5학년 3반 친구들은 서로 오랜만에 만나 반가운 얼굴이다. 그런데 모두 반갑지만은 않은 모양이다. 교실 맨 뒤의 구석 자리에 유독 어두운 표정을 한 친구가 있었으니, 바로 박한울이다.

"박한울, 너 아직도 너희 나라로 안 돌아갔냐? 하하."

한울이에게 한 무리의 아이들이 다가와 에워싸며 비아냥거렸다. 그 중 가장 키가 큰 아이는 3반에서도 무시무시한 말투와 협박으로 유명한 아이다. 별명은 꺽다리. 한울이는 이 무리가 다가오자마자 사시나

무 떨 듯이 온몸을 떨었다.

온정이와 이로는 아무래도 분위기가 이상해 살짝 그쪽을 쳐다보았다. 그도 그럴 것이 한울이는 학교에서도 항상 조용해서 문제를 한 번도 일으킨 적이 없는 친구다. 그런 친구에게 다른 반 아이들이 여러 명 와서 말을 거는 것이 이상했다.

"나 쟤네들 알아. 쟤들, 그 법치초등학교, 중학교, 고등학교에서 막 애들한테 겁주고, 돈 뺏고, 하여튼 조직 같이 움직이는 애들이잖아."

승재가 말했다.

"아, 나도 들어 봤어. 지난번에 4반에서 돈을 뺏긴 애도 쟤네들이 그런 거였잖아."

이로도 말을 거들었다. 온정이는 그 말을 듣자 한울이가 걱정되었다. 그 무시무시한 무리들이 돌아가고 나서 한울이의 표정은 한층 더 어두워져 있었다.

"야, 우리 한울이한테 가 보자. 한울이한테 무슨 일이 있는 것 같아."

온정이가 이로와 승재에게 말했다.

"에이, 별일 없을 거야. 그리고 내가 간다고 무슨 도움이 되겠어."

승재는 갑자기 친구들이랑 할 일이 생각났다며 성급히 자리를 떠났다. 이로도 눈치를 보며 그런 승재를 따라 나서려 했다. 그러자 온정이는 이로의 소매를 붙잡았다.

"야, 정이로. 너는 '정의로운' 사람이 되려고 하잖아. 이런 상황에 승재처럼 다른 곳으로 도망치는 건 전혀 정의롭지 않……."

"아, 알았어. 가자. 가."

온정이가 일장 연설을 하려 하자 이로는 이내 알았다는 듯 한숨을 쉬며 함께 한울이의 자리로 향했다.

한울이는 책상 위에 엎드려 얼굴을 파묻고 있었다.

"한울아, 괜찮아?"

온정이가 묻자, 한울이가 고개를 들었다. 얼마나 울었는지 한울이의 볼에는 눈물이 잔뜩 얼룩져 있었다.

"왜 울어? 쟤네들이 네 돈을 뺏은 거야?"

한울이의 눈물을 보자, 갑자기 정의로움이 솟아나 이로가 강한 어투로 물었다. 한울이는 아무런 대답 없이 눈물이 그렁그렁한 채 온정이와 이로를 바라보았다.

사실 한울이는 5학년 3반에서 그리 친구가 많은 편이 아니었다. 아버지는 한국인이지만 어머니는 필리핀인이어서 생김새가 조금 다르다는 이유로 아이들이 선뜻 친구를 해 주지 않은 탓이다. 그러기는 온정이와 이로도 마찬가지였다.

이제는 같은 반이 된 지 6개월이나 지났지만, 한울이에게 이렇게 말을 건 것은 이번이 처음이었다. 온정이는 한울에게 미안하기도 하고, 또 마음도 아파서, 이번 일은 결단코 자신이 해결하리라 굳게 마음을 먹었다.

"한울아, 걱정하지 마. 내가 도와줄게. 우선 선생님께 말씀드리고, 경찰에도 신고하자."

온정이의 말에 이로가 거들었다.

"그래, 경찰에 신고하자. 협박, 폭력죄로 고소하자! 이런 일은 법적으로 해결해서 그 뿌리를 뽑아야……."

이로의 말을 듣던 한울이가 갑자기 입을 열었다.

"그건 안 돼. 사실…… 애들이 동영상을 가지고 있어. 전에 나한테 돈을 뺏을 때, 그때 내 비굴한 모습을 동영상으로 찍었거든. 내가 경찰에 신고하면 그 동영상을 학교 홈페이지에 올려서, 내가 영영 학교에도 못 다니게 하고, 창피 당하게 한다고 했어."

한울이는 벌써 여러 번 협박을 받은 것 같았다. 온정이는 한울이의 말을 듣고는 화가 치솟아 자기도 모르게 큰 목소리로 외쳤다.

"뭐 그런 애들이 다 있어. 이건 엄청난 범죄 아니야?"

3반의 아이들은 온정이의 목소리에 무슨 일이 있나 궁금한 눈빛으

로 한울이 쪽을 쳐다보았다.

"하하하, 온정아. 왜 그래. 내 농담이 지나쳤지? 얘들아, 내가 온정이한테 농담해서 얘가 화가 났나 봐. 아무 일도 아니야."

아이들은 이로의 말에 다들 시선을 돌렸다.

"온정아, 제발 화를 가라앉혀. 반 애들한테 다 알릴 셈이야?"

이로가 웬일로 이성적인 말투로 이야기하자 그제야 온정이는 마음을 추스를 수 있었다. 하지만 한울이의 이야기에 화내지 않고는 참을 수 없는 온정이었다.

방과 후 한울이와 이로, 온정이는 마치 비밀회의라도 하는 모양새로 교실 구석에 모여 앉았다. 선생님과 부모님에게 이 일을 알리기 전에, 무엇이 가장 좋은 방법인지를 의논하기로 했다. 침착한 말투로 이로가 말했다.

"일단 경찰에 신고하자. 협박, 폭행죄로 고소하면 경찰이 와서 해결해 줄 거야."

모든 것을 법률로 해결하는 것이 최선이라 믿는 이로다운 의견이었다. 그러자 온정이가 고개를 저었다.

"안 돼. 선생님한테 말하면 걔네들 아마 바로 게시판에 동영상을 올릴 거야."

온정이의 말을 듣고 이로가 입을 다물었다. 무거운 침묵이 흐르자 한울이가 어렵사리 입을 열었다.

"너희 생각은 모두 고맙지만, 그냥 모르는 척해 줘. 누군가에게 말하는 건 다 안 될 것 같아. 괜히 더 협박하면 어떻게 해. 난 그게 더 무서워. 그냥 부모님한테 용돈을 받은 걸 주면 되니까, 너희도 그냥 안 들은 걸로 해 줘."

한울이는 이미 여러 번 체념했는지 담담하게 말했다. 그러자 온정이가 자리에서 박차고 일어났다. 벌떡 일어나는 온정이를 이로와 한울이가 올려다보았다.

"얘들아, 걱정하지 마. 우리 삼촌한테 말하자. 우리 삼촌이 하는 인권 사무소에서 이런 일을 해결해 준 적이 있다고 했어. 어때? 한울아. 담임 선생님도, 경찰도 아니니까 괜찮지?"

한울이는 온정이의 말에 망설이는 눈빛을 보였다. 그러다 천천히 고개를 끄덕였다.

다음 날 익한의 인권 사무소에 온정이와 이로, 한울이가 찾아왔다. 익한은 온정이에게 먼저 이야기를 들은 터라 한울이를 반갑게 맞이했다.

"한울아, 어서 와. 온정이한테 이야기를 들었어. 네게 도움이 될 수 있는 것이 있다면 무엇이든 도와줄게."

익한의 인권 운동 사무소에서는 필리핀, 베트남 등 다문화 아이들이 학교에서 겪는 여러 차별과 폭력에 관해 돕는 일을 하고 있었다. 익한은 이런 일을 해결한 경험이 여러 번 있다며, 한울이에게 걱정하지 말라고 용기를 주었다.

"정말 감사합니다."

익한의 격려만 듣고도 한울이는 벅찬 감정이 들어 눈물을 흘렸다. 그 모습에 이로와 온정이도 한울이를 다독였다.

"제가 늦은 건 아니죠?"

바로 그때 사무실의 문을 열리며, 낯익은 목소리가 들렸다. 이로가 가장 먼저 뒤를 돌아보았다. 사무실 문 앞에는 도은이 당차게 미소 짓고 있었다.

"엥? 고모가 여기에 어쩐 일이야?"

이로의 반응에 온정이는 이로를 쳐다보았다. 온정이의 눈빛에는 '네가 말한 게 아니야?'란 질문이 담겨 있었다. 이로는 고개를 설레설레 저었다.

"아니야, 온정아. 나 고모한테 말 안 했어. 그때 비밀로 하기로 했잖

아. 나 진짜 말 안 했어."

이로는 무척이나 억울한지 손사래까지 치며 말했다.

"이로야. 내가 연락했어. 법률적 도움이 필요할 것 같아서. 도은 씨. 바쁘실 텐데도 여기까지 와 주셔서 감사해요."

익한이 도은에게 웃으며 말했다. 도은은 밝은 미소로 대답을 대신했다.

"도은 씨?"

온정이와 이로는 동시에 말하며, 서로 쳐다보았다.

도은은 익한에게 이미 이야기를 들었는지 미리 준비해 온 자료를 가방에서 꺼냈다. 자료에는 이런 경우에 해결할 수 있는 다양한 방법들이 적혀 있었다.

"우선 학교 폭력이 있었다고 신고하는 것이 필요할 것 같아요."

신고라는 말에 한울이가 불안한 표정을 짓자 도은은 한울이를 바라보며 말했다.

"우리가 옆에 있어 줄 거야. 한울이는 다른 걱정을 할 필요 없어."

도은은 자료를 펼치며 마저 이야기했다.

"신고하는 건 교육부에서 운영하는 전화를 이용해도 되지만, 우선은 학교의 담임 선생님께 말씀드리고, 법치초등학교 내 자치센터에서 해결하는 쪽이 좋을 것 같아요. 그 아이가 어떤 아이인지 먼저 학교에 알려야 또 다른 피해자가 생기지 않을 테니까요."

도은의 이야기를 들은 익한은 한울이를 바라보며 말했다.

"한울아, 네가 아이들과 있었던 이야기를 학교에 하려면 큰 용기가 필요할 거야. 너를 괴롭힌 아이들이 혹시나 또다시 괴롭히지 않을까 걱정도 될 거고. 하지만 네가 용기 내지 않으면 더 큰 희생자가 생길 수도 있어. 우리 같이 용기를 내 보는 건 어떨까? 온정이랑 이로도 도와줄 거야. 그치?"

익한의 말을 듣자 한울이는 온정이와 이로를 쳐다보았다. 온정이와 이로는 한울이의 손을 덥석 잡으며 고개를 끄덕였다.

다음 날, 법치초등학교 학교 폭력 자치센터에는 신고가 들어왔다. 바로 도은이 신고한 것이다. 그 신고로, 한울이와 한울이 부모님, 꺽다리와 꺽다리 부모님이 모두 한자리에 모였다.

"정말 죄송합니다. 어릴 적부터 말썽을 많이 부린다고 생각했지, 학교에서 이런 행동을 하고 있는 줄은 상상도 못했습니다."

꺽다리 엄마는 계속 한울이 부모님에게 고개를 숙이며 사과했다. 한울이 부모님 역시 그동안 한울이가 당한 고통을 이제야 안 것이 한울이에게 너무 미안해서 아무 말도 하지 못했다.

"한울이한테 무슨 할 말 없니?"

도은은 꺽다리에게 물었다.

"미안해."

꺽다리는 짧고 간결하게 대답했다.

"괜찮아."

한울이 꺽다리에게 답했다. 한울이의 부모님도 꺽다리가 학교에서 징계를 받는 것을 원하지 않았다. 꺽다리를 용서하는 쪽으로 해결되고, 한울이와 꺽다리는 그렇게 화해를 했다.

모든 상황이 정리된 후, 자치센터 밖으로 나오는 도은에게 이로는 불같이 화를 냈다.

"저렇게 쉽게 용서하면 어떻게 해. 징계를 받도록 해야지!"

평소 모든 걸 법률이 정한 대로 해결해야 한다고 믿는 이로는 이 상황이 쉽게 이해되지 않았다.

"이로야, 꺽다리가 징계를 받는다고 예전과 다르게 바뀔 수 있을까? 오히려 다시는 그러지 않겠다고 약속하고, 학교생활에서 좋게 바뀌도록 돕는 쪽이 더 나은 방법이 아닐까?"

도은의 말에 이로는 왠지 아무 말도 할 수 없었다.

"그래, 이로야. 우리가 한울이에게 좋은 친구가 되어 주면, 한울이도 학교생활을 잘해 나갈 수 있을 거야."

온정이의 사려 깊은 말에 도은은 미소를 지었다.

정도은 변호사의 법률 상식

🖍 학교폭력도 엄연한 '폭행 행위'

요즘 뉴스에서 자주 들리는 사건 중, 학교 폭력이 자주 등장하고 있어요. 학교 폭력은 폭행, 협박과 더불어 상해, 심지어는 살인까지 이어져 점차 심각성이 더해지고 있어요.

예전에는 학교 폭력에 대한 처벌도 학교의 징계위원회에서 정학 등의 처분을 내리는 것이 전부였지요. 하지만 이제는 사건의 정도가 심각해지니만큼 〈형법〉의 형벌을 받는 경우도 많답니다.

미성년자의 형법, 폭행과 강도죄 이야기

✏️ 형법에서 말하는 폭행, 협박이란?

형법에서 말하는 폭행이란 무엇일까요? <mark>반드시 신체에 어떠한 힘으로 가격하는 것만 뜻하는 게 아니고, 욕설 같은 폭언을 하는 행위도 들어갑니다.</mark> 따라서 누군가 나를 때리지는 않았으나 매일 폭언으로 괴롭힌 것도 엄연한 폭행에 해당됩니다.

협박은 말이나 행동으로 상대방에게 공포감을 주고 어떤 행동을 하도록 만드는 것을 말해요. 보통 협박은 누군가에게 돈을 뺏는 경우에 많이 일어나는데, <mark>협박과 폭행으로 누군가의 돈을 뺏는다면 '강도죄'가 성립</mark>됩니다. 폭행, 협박죄보다 훨씬 무거운 형벌을 받게 된답니다.

✏️ 폭력을 행사한 학생은 어떤 처벌을 받게 되나요?

법치초등학교에 다니는 학생들은 모두 만 14세 미만의 학생들이지요. 형법에서 말하는 '형사미성년자'에 속해요. 형법에서는 만 14세 미만인 형사미성년자들은 아직 자기의 행위가 나쁜 것인지 판단하기 어려운 나이라고 봅니다. 그래서 형법에서 정한 형벌을 받지 않고 '보호처분'을 받도록 하고 있어요.

따라서 일반 교도소가 아닌 '소년원'이라는 곳에 가게 되고, 그곳에

서 가해자 학생이 저지른 범죄에 따른 교육을 받게 됩니다. 그 후 다시 정상적인 학생으로 생활할 수 있도록 하는 것이지요.

하지만 최근에는 학교 폭력을 반복해서 저지르는 학생들도 늘어나고 있고, 그 죄질이 나쁜 경우가 많아서 가해자를 '보호처분'하는 것에 대하여 비판하는 목소리도 큽니다.

✏️ 학교 폭력을 당했을 때에는 어떻게 해야 할까요?

학교 폭력을 당했을 때에는 우선 '신고'를 하는 것이 중요해요. 학교 폭력 상담센터인 '117 전화'를 이용하는 방법이 있고요. 법치초등학교처럼 학교에 폭력예방 자치센터가 있다면, 학교의 '자치센터'에 신고를 해도 됩니다.

미성년자의 형법, 폭행과 강도죄 이야기

학교 폭력은 나 혼자 참고 숨긴다고 해서 절대 해결되지 않아요. 더 많은 피해자들을 줄이기 위해서라도 바로 신고하는 것이 올바른 방법이랍니다.

여러분도 함께 생각해 봐요!
나에게 학교 폭력을 당했다고 말하는 친구가 있다면
어떤 도움을 줄 수 있을까요?

법률 토론, 찬성과 반대

누구의 말이 맞는 것일까?

"한울이가 슛 하는 거 봤어?"

점심시간에 축구공을 든 승재가 교실에 들어서자마자 큰 목소리로 말했다. 한울이의 축구 실력에 반한 승재는 온정이에게 한울이의 칭찬을 늘어놓았다. 2반의 코를 한울이가 납작하게 해 줬다며, 진작 한울이를 자기 축구팀에 넣었어야 했다며 승재는 방방 뛰었다.

한울이의 사건이 해결된 후 온정이와 이로, 승재 그리고 한울이는 모두 함께 어울리며 노는 친구가 되었다. 한울이는 처음으로 친구들과 어울리며 지내서인지 학교에서 한층 더 밝은 모습이 되었다.

점심시간이 끝나고 수업이 시작되었다. 담임선생님은 칠판에 큰 글씨로 '발표 수업'이라고 적었다.

"다음 주까지 네 명씩 모둠을 만들어서, 주제에 맞는 내용을 정리해 오세요. 발표 시간은 10분입니다. 짧은 시간이니 자신의 주장을 잘 정리해야 되겠죠?"

온정이는 바로 뒤를 돌아 승재와 이로 그리고 한울이에게 넷이서 발표하자는 눈짓을 보냈다. 이로와 승재는 당연하다는 듯이 고개를 끄덕였고, 한울이는 환하게 웃었다.

"주제는 바로 '사형 제도의 찬성 혹은 반대'입니다."

선생님은 사형 제도에 관해 찬성 혹은 반대의 주장을 정리해 다음 주 발표 수업을 하자고 말씀하셨다. 중요한 것은 한 모둠은 반드시 찬성 혹은 반대로 의견을 통일해야 한다는 것이다. 그런데 과연 온정, 이로, 승재, 한울이는 의견을 하나로 맞출 수 있을 것인가?

방과 후 발표 수업에 대해 의논하기 위해 아이들은 햄버거 가게에 모였다. 먼저 말을 꺼낸 것은 역시나 이로였다.

"난 당연히 사형 제도는 있어야 한다고 생각해."

이로는 평소 자신의 생각, 즉 모든 것을 법률로 해결해야 한다는 생각

을 고스란히 담아 의견을 냈다. 승재도 이로의 의견에 바로 동조했다.

"나도, 당연히 찬성!! TV에 나오는 범죄자들을 좀 봐. 정말 나쁜 죄를 저지른 범죄자들은 사형을 해야 옳다고 생각해."

"난 당연히 반대. 죄가 나쁜 거지, 사람이 나쁜 것은 아니잖아."

이번에는 한울이가 말했다.

"나도 한울이 의견에 동의해. 사형 제도가 아니어도 범죄자들에게 벌을 내릴 수 있는 방법이 많이 있어. 살인을 저질렀다고 다시 살인으로 그 죄를 벌하는 것은 아니라고 생각해."

온정이도 자신의 의견을 또박또박 말하자, 한울이는 크게 고개를 끄덕였다.

"아니야. 사형 제도는 있어야 한다니까."

승재와 이로가 지기 싫은 말투로 다시 주장했다.

"아니야. 사형 제도 자체가 인권을 무시하는 제도라고."

온정이도 뒤지지 않고 대꾸했다. 이렇게 승재와 이로, 온정이가 실랑이를 벌이고 있자 한울이가 걱정스러운 목소리로 말했다.

"선생님이 한 모둠에서 하나의 의견만 주장하라고 그랬는데……."

온정이와 이로, 승재도 선생님의 당부가 떠올랐다. 이렇게나 생각이 다른데 하나의 의견으로 모으라니, 그게 과연 가능할까?

엎친 데 덮친 격이라던가. 함께 찬반 토론을 할 모둠을 고를 때 온정이네 모둠을 대놓고 지목한 모둠이 있었으니 바로 한울이를 괴롭히던 꺽다리의 모둠이었다. 모둠장은 당연히 꺽다리였다.

온정이는 아까 꺽다리네 모둠이 '사형 제도 찬성'으로 의견을 모은 것을 들었다고 이야기했다. 그렇다면 온정이네는 '사형 제도 반대'의 주장을 펼쳐야 할 것이다.

꺽다리네 모둠 이야기가 나오자 한울이의 표정이 눈에 띄게 어두워졌다. 아무래도 한울이는 꺽다리와 다시는 마주치고 싶지 않았을 것이다. 한울이의 마음을 눈치 챈 것일까? 돌연 이로가 입장을 바꾸었다.

"야, 승재야. 우리 사형 제도를 반대해야겠어."

"당연하지. 꺽다리가 찬성이라니까 우리는 무조건 반대해야지. 저 꺽다리네의 사기를 완전히 '꺾어' 버리자!"

승재도 한울이의 분위기를 알아채고는 냉큼 대답했다.

"뭐야. 방금 전까지 절대 주장을 바꾸지 않을 것처럼 말하더니."

그런 이로와 승재의 모습을 보며, 온정이가 놀리듯이 말했다. 말은 그렇게 해도 온정이 역시 승재와 이로의 마음이 왜 바뀌었는지 눈치 채고 있었다. 그런 친구들에게 한울이는 고마운 마음이 들었다. 온정이는 종이 위에 '반대'라고 쓰고, 모둠장 이름에 '박한울'이라고 적었다.

온정, 이로, 승재, 한울이는 일주일 동안 사형 제도를 반대하는 주장의 자료를 모았다. 익한과 도은에게도 도움을 요청하여 꽤 많은 자료를 얻을 수 있었다.

드디어 발표 수업 날이 되었다. 책상 네 개가 서로 마주 보게끔 놓였다. 한쪽은 찬성하는 팀, 다른 한 쪽은 반대하는 팀이 앉는 자리다. 찬성하는 쪽에 앉아 있는 모둠장 꺽다리는 반대쪽에 앉은 한울이를 무시하는 눈빛으로 쳐다보았다. 한울이는 꺽다리의 눈을 마주 보기가 무서워서 제대로 앞을 보지 못하고 있었다. 그런 모습에 꺽다리는 픽 하고 웃으며 말했다.

"한울이 네가 모둠장이라며? 기대되네."

지난번 일 이후 꺽다리는 한울이에게 협박이나 폭력을 쓴 적은 없다. 하지만 한울이는 꺽다리가 여전히 두려운지 겁먹은 얼굴이었다.

드디어 발표 수업이 시작되었다. 꺽다리는 시작과 동시에 속사포 같은 말로 사형 제도를 찬성하는 의견을 줄줄이 꺼내기 시작했다.

"사형 제도가 없어진다면 더욱 무서운 범죄들이 많이 일어날 것입니다. 상대편 박한울 님이 더 잘 알 것 같은데요? 범죄가 얼마나 무서운지?"

꺽다리는 한울을 바라보며 말했다. 왠지 모를 무시무시한 위압감이

느껴지는 말투였다. 한울이는 그런 꺽다리에 겁을 먹어서인지 제대로 말을 시작하지 못했다. 그러자 이로가 먼저 발표에 나섰다.

"그럼, 사형 제도로 모든 범죄를 다스려야겠네요. 같은 반 친구를 괴롭혀, 한 학생이 일상생활을 하지 못할 정도로 피폐해졌다면, 그 학생들도 사형으로 처벌해야 하는 것 아닙니까?"

이로가 꺽다리의 눈을 바라보며 분명하게 말했다. 꺽다리는 이로의 말이 자신의 이야기인 것 같아 괜히 눈을 피했다. 이어서 온정이가 말을 이어갔다.

"범죄가 일어날 때마다 더욱 강한 처벌로 규율한다면, 범죄를 줄이는 효과보다는 범죄를 저지른 사람들의 인권을 무시하는 결과만 낳게 될 것입니다. 그리고 사형 제도를 유지한다고 해서 반드시 범죄가 줄어드는 것은 아니라는 내용이 보고된 자료가 있습니다."

온정이는 삼촌에게서 받은 자료를 증거로 내밀었다. 증거를 받아 본 꺽다리네 모둠은 술렁이기 시작했다.

"그렇다면 살인을 저지른 자들이 사형을 당하지 않을 경우, 피해자 가족들을 생각해 본 적 있나요? 자신의 아들이나 딸이 살해를 당했는데, 그 범인은 버젓이 살아 있다면, 얼마나 고통이 클지 생각해 보지 못하나요?"

꺽다리 모둠의 한 명이 큰 소리로 주장했다. 그 주장에 온정이는 갑자기 말문이 막혀 버렸다. 이대로 토론에서 밀리나 싶은 때 한울이가 조용히 입을 열었다.

"아니에요. 범죄의 피해를 당한 가족들이라고 해서 모두 복수의 마음으로 범죄자가 사형당하기를 원하지는 않을 것입니다. 오히려 피해자 가족들이 희생된 자신의 아들, 딸처럼 그 범죄자가 사형당하지 않기를 바랄 수도 있잖아요."

한울이는 더 이상 껀다리의 눈을 피하지 않고 바라보며 말했다. 껀다리는 자신이 처벌받지 않도록 용서해 준 한울이의 부모님이 떠올랐다. 하지만 그런 상황이 겸연쩍었는지 껀다리는 한울의 눈을 애써 피했다.

어느덧 토론 시간 10분이 훌쩍 지나, 선생님은 토론이 끝났음을 알렸다. 반 아이들은 어느 쪽이 더 주장을 잘했는지 판가름하기 어려워했다. 선생님은 껀다리 모둠과 온정이네 모둠이 무승부라고 발표했다. 결과를 듣고 이로와 승재는 무척이나 아쉬워했다. 온정이가 한울이를 바라보자 한울이는 밝은 표정이었다. 한울이는 껀다리에게 자신의 주장을 처음으로 당당하게 펼쳐서 그것만으로도 이미 승리한 것 같은 기분이었다. 온정이의 입가에도 따뜻한 미소가 걸렸다.

법치초등학교 법정

사형 제도 찬성 vs. 반대

내가 곧 사형을 당해야 할 범죄자의 가족이라면 어떨까요?

반대로 내가 범죄 피해자의 가족이라면 어떨까요?

사형 제도 찬성의 근거와 반대의 근거를 각각 생각해 봅시다.

내가 생각하는 사형 제도 찬성의 근거	내가 생각하는 사형 제도 반대의 근거
1)	1)
2)	2)
3)	3)

 정도은 변호사의 법률 상식

✏️ 우리나라의 사형 제도는?

이미 많은 나라에서 사형 제도를 없애고 무기징역 등 다른 형벌로

법률 토론, 찬성과 반대

대체하고 있어요. 2008년을 기준으로 99개국은 사형 제도를 완전히 폐지하였고, 57개국은 사형 제도가 있으나 10년간 사형이 집행되지 않았지요.

우리나라는 형법상 사형 제도가 있기는 하지만, 1997년 이후 단 한 건의 사형도 집행되지 않아서 '사실상 사형이 폐지된 나라'로 되어 있답니다.

우리나라에는 역사적으로 다양한 사형 제도가 있었어요. 이로가 좋아하는 사극에 등장하는 여러 형태의 사형 제도들이 바로 그 예이지요. 가장 알려진 사형 제도인 '교수형'은 1894년 갑오개혁 이후 유일하게 채택된 사형의 방법이었어요. 현재에도 사형의 방법으로 유일하게 채택된 것이 교수형입니다. 그마저도 1997년 이후에는 집행된 적이 없지만요.

✏️ 다른 나라는 어떤 범죄를 사형에 처할까?

사형 제도는 <mark>각 나라의 범죄 상황과 범죄를 어떻게 처벌할 것인지에 대한 국민들의 의식에 따라 달리 규정되어 있어요.</mark>

인도는 최근에 성폭행과 관련된 범죄를 저지른 경우, 성폭행 피해자가 사망하거나 의식불명 상태에 빠지면 가해자를 사형에 처하는 조항을 새로 만들었어요. 또한 성폭행 범죄를 반복해서 저지른 경우에도 사형에 처할 수 있게 했지요. 이렇게 된 이유를 살펴볼까요? 최근 들어 인도에서 성폭행이나 성추행 같은 성 범죄가 잇따라 발생했기 때문이랍니다. 이런 범죄를 막기 위해 가장 무시무시한 형벌을 둔 것이라 할 수 있어요.

일본에서는 여전히 사형 제도를 유지하고, 집행도 하고 있어요. 최

법률 토론, 찬성과 반대

근에는 강도, 살인죄를 저지른 범죄자에게 사형 선고를 하였지요. 일본 여론은 80% 정도가 사형 제도를 찬성하고, 도저히 인간이라면 이해할 수 없는 정도의 범죄를 저지른 범죄자에게는 사형이 마땅하다고 보고 있습니다.

미국의 경우는 각 주(state)마다 법을 달리 정할 수 있습니다. 그래서 사형 제도를 유지하는 곳도 있고, 사형 제도가 없는 곳도 있어요. 50개의 주 가운데 32개의 주에서는 사형 제도가 있답니다.

앞으로 어떤 극악한 범죄가 일어날지 모르겠지만, 사형 제도에 관한 것은 그 범죄를 바라보는 국민들의 생각과 관련되어 있어요. 결국 사형 제도의 찬성 혹은 반대는 도저히 이해할 수 없는 정도의 범죄가 일어났을 때, 국민들의 감정이 어떤지에 따라 달라질 수 있는 것이지요.

여러분도 함께 생각해 봐요!

사형 제도를 폐지한다면 나쁜 범죄를 저지른 범죄자들에게 어떤 형벌을 내리는 것이 좋을까요? 어린이 여러분들이 판사라면 어떤 형벌을 내리는 것이 합당하다고 생각하나요?

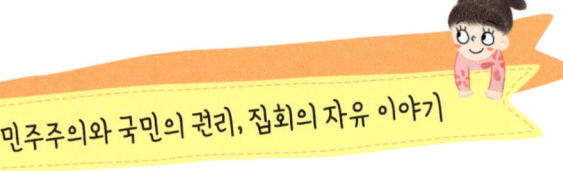

민주주의와 국민의 권리, 집회의 자유 이야기

유익한 이 경찰서에?!

"다녀왔습니다. 엄마, 나랑 이로랑 라면 좀 끓여 줘. 엄마. 엄마!"

온정이가 엄마를 부르며 이로와 함께 집에 들어섰다. 그런데 아무리 불러도 엄마는 대답하지 않았다. 온정이가 의아해하며 집을 둘러보니 무언가 심상치 않은 분위기가 느껴졌다. 바로 그때 방에서 아빠가 나왔다. 온정이의 눈이 휘둥그레졌다. 지금쯤 회사에서 일하고 계실 시간에 아빠가 집에 있어서다. 그런데 아빠는 온정이를 보고도 고개만 끄덕이고는 서둘러 나갈 기세였다. 이윽고 아빠 뒤편으로 엄마가 다급한 표정으로 나왔다.

"여보, 빨리요."

엄마는 아빠를 다그치며 가방을 들었다.

"엄마, 무슨 일이야? 아빠, 왜 이 시간에 집에 있어?"

"온정아. 삼촌이 경찰서에 있대."

엄마는 온정의 질문에 서둘러 대답하며 나갔다. 엄마의 대답에 온정이와 이로는 놀란 토끼 눈이 되어 엉겁결에 엄마 아빠를 따라 나섰다.

경찰서에 도착하자 한쪽 의자에 줄을 지어 앉아 있는 한 무리가 있었다. 그중 익한의 모습이 보였다. 온정이는 삼촌을 경찰서에 보게 되자 놀란 얼굴로 냉큼 익한에게 달려갔다.

"삼촌, 이게 무슨 일이야."

익한은 평소와 다름없는 밝은 표정으로 온정이를 맞이했다.

"우리 온정이 놀랐구나. 별거 아니야. 곧 해결하고 나갈 거야."

익한은 온정이를 다독이며 말했다. 하지만 온정이는 왠지 무시무시한 경찰서의 분위기에 삼촌을 걱정스러운 눈빛으로 올려다보았다.

사정은 이랬다. 익한은 서울시청 앞 광장에서 인권 시위를 하다가 시위를 함께한 사람들과 함께 경찰서로 연행된 것이다. 하지만 익한이 속한 인권 사무소에서는 분명히 시위를 해도 된다는 허가를 받았다고

한다. 그래서 불법 시위가 아니라고 주장하는 상황이었다.

"허가를 받았으면 불법이 아니지 않아?"

이로가 신문에서 그런 내용을 본 적이 있다며 온정이에게 말했다.

"수고하십니다."

그때 익숙하고도 또랑또랑한 목소리가 들렸다. 바로 도은이었다. 온정이와 이로는 동시에 도은을 쳐다보았다.

"야, 너희 고모가 여기를 어떻게 알고 왔지?"

온정이가 이로에게 물었다. 이로는 자기도 모르겠다는 얼굴로 어깨를 으쓱할 뿐이었다.

도은은 익한을 향해 걸어갔다.

"연락을 받고 바로 온 건데, 그 사이에 별일 없었죠?"

도은의 질문에 익한은 미소를 지으며 고개를 끄덕였다.

"안녕하세요. 전 유익한 씨 담당 변호사입니다. 이제 저에게 말씀하시죠."

도은이 경찰관에게 말했다.

"뭐? 담당 변호사? 언제부터?"

온정이와 이로는 어리둥절한 표정으로 서로를 쳐다보았다. 담당이라니, 아니 언제부터 삼촌과 고모가 연락을 주고받은 걸까?

"여기 집회 허가서를 보시죠. 분명히 허가를 받은 집회였고, 신고한 곳에서 집회를 하였는데, 불법이라니 무언가 착오가 있으신 것 같습니다."

"허가가 문제가 아니라, 갑자기 도로 쪽으로 행진을 시작해서 그런 것 아닙니까."

경찰관이 도은의 말에 대답했다.

"그건 저희가 의도한 것이 아니라, 집회를 하다 보니 우연히 집회에 참여하게 된 사람들이 있어서 그렇게 된 것입니다. 오늘 집회에 그렇게 많은 사람들이 모일 줄 몰랐습니다."

익한이 일어나 설명을 도왔다. 익한이 오늘 서울 시청 앞에서 한 집회는 '이주노동자들의 문화 축제'다. 이주노동자들이 모여 자기 나라의 노래와 춤을 선보이며 함께 즐기는 행사다. 그런데 갑자기 지나가던 사람들이 행사에 동참하게 되어 거리에까지 인파가 넘치게 된 것이다. 그러던 중 경찰의 제지를 받게 된 것이었다.

다행히 다친 시민도 없고, 큰 문제가 없었다는 점과 도은의 설명 덕분에 경찰관은 익한과 인권 사무소 직원들이 집으로 가도록 허락해 주었다.

익한은 경찰서 앞에서 인권 사무소 직원들을 먼저 보내고, 가족들이 있는 쪽으로 걸어왔다. 익한이 오자 온정 엄마는 박수를 치며 돌연 도은의 칭찬을 늘어놓았다.

"지난번 휴가 때 교통사고가 났을 때도 그렇고, 변호사님은 어쩜 그렇게 똑 부러지는지 모르겠어요."

이에 질세라 온정이 아빠도 맞장구쳤다.

"그러게요. 우리 익한이가 좀 부족한 면이 있어서, 변호사님 같은 여자 친구가 있으면 참 좋을 텐데 말이에요."

그 말에 도은의 얼굴이 화르륵 붉어졌다. 화기애애한 분위기를 보고 있자니, 온정이와 이로는 실실 웃음이 나왔다. 이러다가 정말 둘이 결혼이라도 하는 것은 아닐까?

그때 어쩔 줄 몰라 하던 도은의 핸드폰이 울리기 시작했다. 도은은 잠시 전화를 받겠다며 온정이 부모님께 양해를 구하고 저쪽으로 걸어가 전화를 받았다.

"아, 네. 죄송합니다. 맡은 소장은 오늘 내로 마무리하겠습니다. 죄송합니다."

전화를 하는 내내 도은은 줄곧 사과를 했다. 사실 도은은 오늘 해결해야 할 사건이 있는데도, 익한의 연락을 받고 한걸음에 달려온 것이었다. 사무실에서 걸려 온 전화를 받는 도은의 모습에 익한은 무척 미안

한 마음이 들었다. 도은이 전화를 끊자 익한이 도은에게 다가갔다.

"저, 오늘 저 때문에 사무실에서 난처하게 되신 건 아닌지 모르겠어요. 죄송합니다."

익한은 도은에게 사과의 말을 전했다.

"아니에요. 제가 미력하게나마 도움이 되어서 정말 다행이에요. 별것 아닌 일인데, 가족 분들까지 너무 감사하다고 하셔서 오히려 제가 더 황송하네요."

평소와 달리 까칠하지도, 냉정하지도 않은 도은의 말씨에 익한은 무언가 설레는 마음이 들었다.

"아휴, 답답해. 우리 삼촌 뭐하는 거야."

둘의 모습을 아닌 척 몰래 지켜보던 온정이가 말했다.

"야, 조용히 해. 들리겠어."

이로가 온정의 입을 막으며 둘의 눈치를 살폈다. 온정이는 답답한지 눈을 씰룩거렸다. 다행히 익한과 도은은 둘만의 이야기에 빠져 있었다.

다음 날, 익한이 속한 인권 사무소의 사람들이 모두 시무룩한 표정으로 앉아 있었다.

"소장님, 아무래도 저희가 그동안 여러 차례 민감한 사안들을 가지고 집회를 한 탓에 미운 털이 박힌 모양이에요."

어제 함께 집회에 참가한 사무소 직원이 말했다.

"그러게요. 이제 앞으로 집회 허가 나기가 쉽지 않을 것 같아요."

다른 직원이 맞장구를 치자 사무소 분위기가 더욱 시무룩해졌다. 그러자 익한이 애써 밝은 분위기로 답했다.

"우리가 누굽니까. 이런 것쯤이야 일도 아니죠. 더한 일도 많이 겪었는데요, 뭐."

덜컹.

"혹시 여기 시간 많은 변호사 한 명 안 필요하신가요?"

인권 사무소의 문을 열고 들어온 사람은 바로 도은이었다. 도은은 커다란 박스를 들고 사람 좋게 웃었다. 놀란 익한이 도은에게 다가가 박스를 받아 들었다.

"도은 씨, 이 시간에 여기에는 어쩐 일이세요?"

"네? 저, 그러니까. 로펌에서 일하는 것보다 보람 있는 일을 해 보고 싶고, 여기도 변호사가 필요한 것 같고……. 또……."

막상 로펌에서 나와 익한의 인권 사무소로 향했으나, 익한의 질문을 들자 도은은 마땅한 대답이 나오지 않아 버벅거렸다.

"정말 잘 왔어요. 진짜 환영해요."

하지만 그런 서먹한 분위기는 얼마 가지 않았다. 바로 인권 사무소 직원들이 도은을 알아보고 두 팔을 벌려 환영했기 때문이다. 방금 전까지 무겁게 가라앉았던 분위기가 금세 가벼워졌다.

"이제 든든한 변호사님이 생겼으니, 우리도 당당하게 인권 운동을 할 수 있겠네. 그렇죠. 변호사님? 저희 다 변호해 주실 거죠?"

"아, 그럼요. 물론이죠!"

한 직원의 질문에 환한 미소로 대답하는 도은이었다. 익한은 도은의 모습을 보며 더욱 밝게 미소 지었다.

정도은 변호사의 법률 상식

✏️ **국민들의 목소리를 모아!**

우리는 앞에서 헌법에서 보장된 '기본권'에 관하여 공부하였지요? 헌법에서 보장된 기본권 중에 '집회 및 결사의 자유'라는 권리가 있어요. '집회'라는 것은 같은 목적을 가진 여러 사람이 한 장소에 모여 일정한 활동을 하는 것을 말해요.

사실 민주주의에서 가장 중요한 것은, 국민들이 지닌 생각을 국회나 행정부에 전달하는 것이에요. 대한민국 헌법 제1조 제2항에 보면 '대한민국의 주권은 국민에게 있고, 모든 권력은 국민으로부터 나온다.'라고 되어 있어요. 쉽게 말해서 대한민국의 '주인'은 바로 대한민국 국민들인 셈이지요.

따라서 대한민국 국민들의 생각 하나하나가 국회나 행정부에 전달되는 것은 매우 중요해요. 바로 연결되는 전화 같은 것이 있으면 좋을 텐데, 국민의 수가 많아 매일 그 의견들을 다 전달하려면 어려움이 따르겠지요? 그래서 국민들이 같은 생각을 가진 사람들을 여럿 모아 집

> 민주주의와 국민의 권리, 집회의 자유 이야기

회를 열어서 자신들의 뜻을 국회나 행정부에 알릴 수 있도록 한 것이지요. 이것이 바로 헌법에서 보장하는 '집회 및 결사의 자유' 권리입니다. 이렇게 여러 국민들이 모여서 목소리를 내면, 국회나 행정부에 국민들의 생각을 전달할 수 있게 된답니다.

✏️ 집회는 아무 때나, 아무 곳에서나 가능한 것일까?

그렇다면 집회가 많이 열릴수록 민주주의에는 도움이 될 것 같은데, 아무 때나 아무 곳에서나 집회를 할 수 있는 것일까요?

옛날 옛적에, 민주주의가 아직 자리 잡지 못했던 시절에는 집회 자체를 탄압하는 경우가 많았어요. 대한민국의 국민이 대한민국의 주인이라는 의식이 아직 없던 시절이었지요. 그때는 국민들이 모여 대통령과 정부에 대해 비판하는 집회를 하면, 경찰들에게 지시하여 무력으로 집회를 못하도록 막는 경우도 있었답니다.

하지만 이제는 이러한 과거를 반성하고 있어요. 그리고 집회의 자유를 기본권으로 보장하고 있지요. 단, 아무 때나, 아무 곳에서나 집회를 할 수 있도록 한다면 주변 시민들이 피해를 받는 일이 생길 수도 있겠지요? 그래서 〈집회 및 시위에 관한 법률〉을 둔 것이랍니다. 법률에 따라 미리 집회를 신청하면 '허가'를 받아 집회를 할 수 있도록 한 것이지요.

✏️ 깜깜한 밤에는 집회하면 안 되나요?

여기에 관련된 재미있는 사례가 있어 하나를 소개해 볼게요. 〈집회 및 시위에 관한 법률〉에서는 '자정이 넘은 야간 시위'를 전면 금지하는 조항을 두었어요. 하지만 잘 알려진 '촛불 집회'의 경우에는 자정이 넘은 시간까지 시위가 계속되어 이 법률에 어긋난 집회가 되어 버렸죠. 그래서 시민들은 야간 시위를 전면 금지하는 조항이 헌법에 위반된다

민주주의와 국민의 권리, 집회의 자유 이야기

며 헌법재판소에 이것을 판단해 달라고 심판을 청구했어요.

결과는 바로 시민들의 승리! 야간 시위를 전면 금지하는 조항은 집회의 자유를 침해하는 조항이라는 판결이 났답니다. 그래서 이제는 미리 신청만 한다면, 야간 집회도 할 수 있게 되었답니다.

여러분도 함께 생각해 봐요!
대한민국 국민으로서, 어린이들을 위한 집회를 연다면 어떤 주제로 하는 것이 좋을까요?

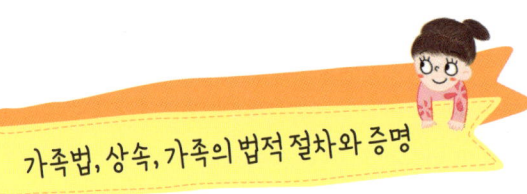

가족법, 상속, 가족의 법적 절차와 증명

그럼 우리는 가족이 되는 거야?

"룰룰루. 라랄라."

아침부터 콧노래를 부르는 고모가 이상한지 이로는 가자미눈을 뜨고 고모를 쳐다보았다.

"고모, 왜 그래? 왜 노래를 부르고 그래. 부담스럽게."

평소 같았으면 발끈하며 대꾸할 도은인데, 오늘은 이로의 질문에도 실실 웃음만 보일 뿐이다.

"좋은 아침입니다."

도은이 인권 사무소에 출근하며 반갑게 인사했다.

"변호사님, 좋은 아침입니다."

사무소의 직원들은 모두 도은을 반갑게 맞이했다. 그중 도은을 가장 반갑게 맞이하는 사람이 있었으니, 바로 익한이다.

"도은 씨, 왜 이렇게 일찍 출근했어요? 아직 8시밖에 안 되었는데."

익한은 시계를 보며 말했다.

"오늘 안산 공장에서 일하는 외국인 노동자들 만나러 가는 날이잖아요. 그래서 아침 일찍 서둘렀죠. 그런데, 이거 안 받아 줄 거예요?"

익한은 그제야 도은이 두 손에 무언가 잔뜩 든 것을 보았다. 익한이 도은에게서 건네받은 비닐봉지를 열어 보았다. 그 안에는 꿀떡이 몇 개씩 먹기 좋게 포장되어 있었다.

"방문 시간이 마침 점심시간이라고 했지요? 점심을 먹고 간식으로 꿀떡을 드리면 좋을 것 같아서, 제가 자주 가던 떡집에 부탁해서 사 왔어요."

"우와, 변호사님, 마음씨만 고운 줄 알았는데, 센스도 보통이 아니십니다. 저희 소장님이 입이 마르도록 칭찬하신 이유가 있……."

인권 사무소 직원의 이야기가 부끄러운지, 익한은 직원의 옆구리를 쿡 찔렀다. 도은은 그런 직원의 이야기가 싫지 않은지 미소를 지었다.

점심시간 무렵 익한과 도은, 인권 사무소 직원들은 안산의 한 공장에 도착했다. 그곳에서는 그들을 밝은 표정으로 맞이하는 외국인 노동자들이 있었다. 그리고 이미 먼저 도착한 온정 엄마, 이로 엄마, 온정이와 이로, 그리고 승재와 한울이의 모습도 보였다.

"삼촌!"

온정이가 익한을 보고는 반갑게 손을 흔들었다. 이로는 그 옆에서 익한과 함께 걸어오는 도은을 의미심장한 표정으로 보고 있었다.

"뭐야, 고모. 오늘 아침에 엄마한테 들었는데, 이제 로펌을 그만두고 익한 삼촌네 인권 사무소에 들어갔다며? 어쩐지 출근할 때마다 짜증이 가득하던 고모가 요즘 웬일로 아침부터 콧노래를 부른다 했네. 그러면 그렇지."

이로가 이제야 눈치 챘다는 듯 말했다. 도은은 당황하며 이로에게 그만 말하라는 손짓을 했으나, 쉽게 멈출 이로가 아니었다.

"사와디캅."

벌써 여러 번 봉사활동에 왔던 온정이가 자연스럽게 태국말로 외국인 노동자들에게 인사를 건넸다. 이로, 승재, 한울은 그런 온정이가 신기한지 금세 따라서 태국말로 인사했다.

익한의 인권 사무소에서는 올해 초부터 공장에서 근무하는 이주노동자들에게 한글을 가르쳐 주고, 한국에서 겪는 여러 문제들을 상담해 주는 봉사를 하고 있다. 온정이는 삼촌을 따라 처음부터 봉사를 함께 했다. 그 덕분에 이미 얼굴을 익혀 친근하게 인사를 나누는 사람들도 있었다.

"온정아, 너 태국 말을 되게 잘한다."

승재가 신기해하며 말했다.

"크크, 내가 한글을 가르쳐 드렸더니 몇 개 알려 주셨어. 나도 사실 '사와디캅, 코쿤캅'밖에 몰라."

온정은 별것 아니라는 듯 대답했다. 이로는 온정이와 승재의 대화에는 전혀 관심이 없었다. 이로의 시선은 자꾸만 다른 곳을 향하고 있었다.

"야, 정이로. 넌 봉사활동은 하나도 안 하고 대체 뭘 하고 있는 거야?"

온정이가 퉁명스럽게 말했다.

"그러니까. 아까부터 계속 무슨 스파이도 아니고, 이리저리 왔다 갔다."

승재가 온정의 말을 거들었다.

"나 참. 이 눈치 없는 어린이들! 어린이들은 모를 수밖에 없는 거요."

이로는 갑자기 사극 말투를 쓰며 온정이와 승재에게 다가갔다. 그러고는 낮은 목소리로 이야기를 했다.

"어린이들, 저기를 좀 보시오."

이로가 가리킨 곳에는 도은과 익한이 있었다. 둘은 뭔가 기분 좋은 일이 있는지 연신 웃음을 터트리고 있었다. 멀리서 봐도 둘의 분위기가 의미심장했다. 온정이가 손뼉을 치며 말했다.

"맞아, 지난번 여름휴가 때도 이상했어. 우리 삼촌이 계속 너희 고모를 쳐다보더라고."

"그치? 우리 고모도 자꾸 너희 삼촌을 찾더라고! 무슨 일이 있는 것처럼 말이야."

온정이 말에 맞장구를 치며, 이로가 호들갑스럽게 말했다.

"뭐야, 그럼 너희 둘 가족이 되는 거 아니야?"

승재의 말에 온정이와 이로가 휘둥그레진 눈으로 승재를 봤다.

"그렇잖아. 이로네 고모랑, 온정이네 삼촌이 결혼하면, 너희도 가족

이 되는 거 아니야?"

온정이와 이로는 거기까지는 생각하지 못했는지 서로를 마주보며 당황한 표정을 지었다.

"도은 씨가 있어서 이제는 마음껏 법률 상담을 해 줄 수 있네요. 원래는 한 달에 한 번 정도 자원봉사를 오시는 변호사님이 계실 때만 가능했거든요. 이제는 이렇게 바로바로 상담해 드릴 수 있으니 정말 좋네요."

익한이 도은에게 웃으며 말했다.

"저도 아직 모르는 것이 많아요. 오늘 보니까 외국인 노동자들이 여러 문제들을 겪고 있더라고요. 아직 한국이라는 나라가 외국인 노동자들이 살기에는 좋고, 편한 나라가 아닌 것 같다는 생각이 들었어요."

익한은 도은의 이야기를 가만히 듣고 있었다.

"도은 씨는 정말 마음이 넓고, 좋은 사람 같아요. 열악한 저희 사무소에서 도움을 주셔서 정말 감사해요. 그나저나 월급을 많이 못 드릴 텐데, 그게 걱정이 되네요."

"아이고, 아니에요. 제가 보람을 느껴서 시작한 일인데요. 월급은 안 주셔도 돼요."

이야기를 나누던 익한과 도은은 마침 서로 눈이 마주치자, 얼굴이 발그레해졌다. 그러자 익한은 도은의 손을 잡으려 손을 뻗었는데, 그때 갑자기 가까운 벽 뒤에서 낯익은 목소리가 들려오기 시작했다.

"거 봐, 내가 뭐라고 했어. 내 말이 다 맞지 않소!"

온정이와 승재는 재빨리 이로의 입을 막았지만, 익한은 이미 이로의 목소리를 알아채고는 도은의 손을 잡으려던 손으로 그냥 머리를 긁적였다.

"으이구, 넌 왜 이렇게 눈치가 없어?"

온정이는 이로에게 꿀밤을 놓으며 말했다. 승재도 이로를 향해 고개를 절레절레 저었다. 이로는 대체 왜 갑자기 익한이 손을 잡지 않았는지 알 수 없는 노릇이었다.

"우리 삼촌이 뭐랄까. 좀 답답한 스타일이야. 그건 내가 잘 알지."

온정이는 안타까운 얼굴로 말했다.

"그래? 너희 삼촌은 친절하고 잘생겨서 인기가 많았을 것 같은데?"

승재의 말에 온정이는 고개를 저으며 입을 열었다.

"안 되겠어. 삼촌이 마음을 표현할 때까지 기다리다간 몇 년이 걸릴지 몰라. 아무래도 우리가 도와줘야 할 것 같아."

온정이의 말에 승재는 씨익 웃음을 지었다. 그러고 나서 이런 일은 자신 있다며 이로와 온정이에게 이미 세워둔 계획을 이야기했다.

승재의 계획은 이러했다. 이로가 고모를 불러서 공장에 들어간 사이에, 온정이가 삼촌에게 가서 공장에서 도은이 다쳤다고 연기를 하라는 것이다. 놀란 익한 삼촌이 도은 고모에게 뛰어갈 것이고, 두 사람이 공장에서 만나는 순간, 사랑이 피어날 것이라는 계획이었다. 온정이가 걱정스러운 얼굴로 말했다.

"그런데, 막상 사실을 알고 나면 우리만 엄청나게 혼나는 거 아닐까? 이런 장난을 쳤다고 말이야."

"아니지, 익한 삼촌은 화내기 전에 도은 고모에게 아무 일이 없다는 것에 안도되어 도리어 고마워할 거야."

승재가 자신만만한 얼굴이었다. 그러자 이로는 승재의 말에 토를 달았다.

"후후, 우리 고모를 모르는군. 어떤 일이 있더라도 불같이 화를 내는 건 아마 잊지 않을걸? 엉덩이나 맞지 않으면 다행이다."

"두고 봐. 익한 삼촌과 도은 고모는 분명

히 화를 낼 수 없을 테니."

　승재의 의미심장한 표정을 보자, 이로와 온정이도 왠지 모르게 믿음이 생기는 것 같았다.

　드디어 작전 개시다! 봉사가 끝날 때쯤 이로는 승재의 계획대로 도은에게 갔다. 이로는 공장 안에서 한 노동자가 궁금한 점이 있다고 하면서 도은을 공장으로 데리고 들어갔다. 공장으로 들어가면서 이로는 온정이와 승재에게 손가락으로 OK 사인을 보냈다.

　이번에는 온정이와 승재가 움직일 차례다. 온정이와 승재는 봉사활동에 사용했던 짐들을 차에 싣고 있는 익한에게 다가갔다. 온정이는 숨을 한 번 깊게 쉬고, 연기를 시작했다.

　"삼촌! 큰일 났어. 지금 이로네 고모가 공장 안에서!!"

　"진짜 큰일 났어요. 사람들이 다 공장 안으로 뛰어갔어요!!"

　승재가 호들갑을 떨며 거들었다. 이런 연기라면 얼마든지 자신 있는 승재였다.

　익한은 온정이와 승재의 이야기가 끝나기도 전에 공장을 향해 부리나케 달리기 시작했다. 익한의 머릿속에는 아무런 생각도 들지 않았다. 온정이와 승재는 달려가는 익한을 따라잡으려 뒤이어 뛰었다. 하지만, 익한이 얼마나 빠른지 도저히 따라잡을 수 없는 속도였다.

공장에 다다른 익한은 문을 박차고 들어가 도은을 찾았다. 익한은 도은에게 정말 무슨 일이라도 생겼으면 어떻게 해야 할지 눈앞이 캄캄해졌다.

그때 공장 안쪽에 서 있는 도은의 모습이 익한의 눈에 들어왔다. 익한은 도은을 보자마자 달려가 도은에게 소리쳤다.

"어디를 다친 거예요?"

도은은 다짜고짜 뛰어 들어와 묻는 익한의 모습에 놀라, 어안이 벙벙한 얼굴이었다.

"에? 뭐가……."

도은은 익한이 자신을 걱정스러운 눈으로 살펴보고 있는 걸 알아채고는 계속 말을 이을 수 없었다. 익한은 도은에게 아무 일이 없음을 눈치 채고는 자신을 따라온 온정이와 승재를 바라보았다.

"아니, 삼촌. 나는 이로네 고모가 공장에서 선물을 받았다고. 사람들이 고맙다며 여기서 선물을 주셨다고 이야기하려던 건데 삼촌이 그냥 뛰어가 버렸네?"

온정이는 싱긋 웃으며 이야기했다. 온정이의 말에 익한은 황당한 얼굴로 다시 도은에게 고개를 돌렸다.

"애들이 장난쳤나 봐요. 전 아무 일 없어요."

도은의 또박또박한 목소리를 듣는 순간 아이들은 도은이 폭풍 같은 잔소리를 할까 봐 침을 꿀꺽 삼켰다.

"아이참, 너희들은 뭐 이런 장난을 쳐."

그런데 이게 웬일인가. 화를 낼 것이라는 이로의 예상과는 달리 도은이 픽 웃으며 이야기를 하는 것이 아닌가? 도은은 익한과 아이들을 부드러운 눈길로 바라보았다. 그 모습에 익한도 아무 일 없는 것이 다행이라는 생각이 들어 웃음을 지었다.

봉사활동이 끝나고 돌아오던 길에서 온정이와 이로는 작전이 성공했다며 신이 나 있었다. 드디어 삼촌과 고모가 서로의 마음을 확인한 것이라며 좋아했다. 그때 승재가 의미심장한 한마디를 던졌다.

"너희들, 아무래도 곧 가족이 될 것 같다."

이로와 온정은 서로를 쳐다보며 씨익 웃었다.

정도은 변호사의 법률 상식

✏️ 가족도 법에 규정해 두었지요!

 음하하, 저와 익한 씨가 결혼을…… 그리고 왜 저와 익한 씨가 결혼하면 가족이 된다고 하는 것일까요? 가족이란 건 법에서 규정하는 것이 아니라 그냥 태어나면 그때부터 가족인 것이 아니냐고요?
 '가족'은 우리가 사회 시간에 배운 대로, 사회를 이루는 가장 기초의

가족법, 상속, 가족의 법적 절차와 증명

단위예요. 가족은 엄마, 아빠와 자식의 관계처럼 자연적으로 생겨나는 경우도 있지만, 혼인처럼 서로의 합의로 생기는 경우도 있지요. 그래서 우리나라 법에서는 '가족'에 관련한 내용을 규정하기 위해서 〈가족법〉을 따로 두었어요.

〈가족법〉은 이름 그대로 가족 관계를 규율하는 법이에요. 따로 '가족법'이라고 있는 것은 아니고, 〈민법〉의 제4편 친족, 제5편 상속을 묶어 '가족법'이라 부른답니다. 가족법은 부모와 자식 관계, 혼인으로 이루어지는 남편과 아내의 관계, 그 외 입양, 상속 등 가족 관계에서 일어나는 모든 내용들을 담은 법률입니다.

✏️ 가정법원도 따로!

가족과 관련된 법률 분쟁은 '가정법원'에서 따로 담당해요. 민법과 관련된 문제는 민사법원에서, 형법과 관련된 문제는 형사법원에서 담당하는 것처럼요. 가족과 관련된 문제는 가정법원에서 따로 맡고 있지요. 그래서 가족 문제에 관

하여 소송을 하려고 민사법원에 가면 아예 받아주지 않는답니다. 가족 문제에 관해서는 법률도, 법원도 다 따로 있기 때문이지요.

가족인지, 아닌지가 왜 문제가 되는 것일까?

법률에서 가족인지 아닌지가 중요한 것은 여러 가지 법률적 문제 여부가 생길 수 있기 때문이에요. 형법에서는 '친족상도례'라는 것이 있어요. 만약 가족 간에 범죄가 일어났을 경우에는 그 형벌을 낮추거나 혹은 무죄로 보는 경우가 있어요. 예를 들어, 범죄자인 아들이 도망치는 도중, 어머니를 찾아가 숨겨 달라고 했다고 합시다. 당연히 어머니는 자신의 아들을 숨겨 줄 수밖에 없겠지요. 이럴 경우 어머니에게 '범인은닉죄'는 성립하지 않아요. 가족이라면 어쩔 수 없는 상황이기에 이것을 형법에서 미리 양해해 주고 있는 것이지요.

또한, 가장 많은 소송이 일어나는 '돈'과 관련한 문제를 볼게요. 가족의 경우 '상속'의 문제가 빈번하게 일어나요. 부모님이 돌아가시면서 남긴 재산을 과연 어느 가족에게 상속하게 될지에 관한 문제이지요. 이에 대해 분쟁이 잦을 염려가 있으므로, 미리 법률에 정해 둔 것입니다.

가족법, 상속, 가족의 법적 절차와 증명

🖊 가족이 되었음을 알리는 방법은?

그렇다면 가족이 되었다는 것을 어떻게 알려야 하는 것일까요? 예를 들어, 신데렐라와 왕자님이 성대한 결혼식을 올렸다고 상상해 봐요. 결혼식에 참석한 사람들은 둘이 결혼한 것을 알 수 있겠지만, 결혼식에 참석하지 않은 사람들은 둘이 부부라는 사실을 어떻게 알 수 있을까요?

결혼식을 올렸다고 해서 바로 가족이 되는 것은 아니에요. 동사무소에 가서 '혼인신고'를 해서 국가에 '우리는 가족이 되었다'고 알려야만 '가족'으로 인정될 수 있어요. 동사무소에 가서 '가족관계등록부'라는 곳에 혼인했음을 표시하여, 가족이 되었음을 증명해야 합니다.

같은 방식으로 엄마가 아이를 낳으면, 동사무소에 '출생신고'를 해서 새로운 가족이 생겼다는 것을 증명해야 하지요.

이렇게 신고하는 것은 가족이 되는 것뿐만 아니라, 가족에서 벗어나는 것도 마찬가지랍니다. 최근 사회 문제로 떠오른 이혼의 경우, '이혼신고'를 하면 더 이상 가족이 아님을 증명하게 되는 것이지요.

🖊 가족법의 새로운 바람, 호주제 폐지

몇 년 사이에, 가족법에서 새롭게 개정된 것 중에 하나가 바로 '호주제 폐지'입니다. '호주'란 어떤 한 가족을 대표하는 자를 말합니다. 자식들이 대부분 아버지의 성(姓)을 따르는 우리나라에서 호주는 '아버지'를 의미했죠.

하지만 아버지가 없이 어머니만 있는 경우에는 어떻게 될까요? 어머니의 성을 따를 수는 없는 것일까요? 가족법이 개정되기 전에는 오로지 아버지만 호주가 될 수 있었어요. 어머니는 호주가 될 수 없어서 어머니의 성을 따를 수 없었지요. 이는 남녀평등에 어긋나는 법률 규정으로 판단되어, 결국 호주제가 폐지되기에 이르렀답니다.

그래서 이제는 자신의 성을 어떻게 할지에 관해 원칙적으로는 아버지의 성을 따르되, 예외적으로 어머니의 성을 따를 수 있게 되었어요.

또한 부모가 혼인하면서 자녀의 성을 누구의 것으로 할 것인지를 미리 정해 두었다면, 아이는 아버지의 성이 아니라 어머니의 성을 따를 수도 있지요.

가족법, 상속, 가족의 법적 절차와 증명

✏️ 가족이 되는 또 다른 방법, 입양

가족법에 부는 또 다른 바람 중에 하나는 바로 입양이에요. 외국에서는 이미 많은 가족이 '입양'으로 이루어지고 있어요. 입양은 부모가 없는 아이를 부부가 자신의 자식으로 인정해 키우는 것을 말해요. 부모가 없는 고아들에게 새로운 가족을 만들어 주는 좋은 기회가 될 수 있답니다.

입양에 관련된 내용도 가족법에서 규율하고 있어요. 우리나라의 경우, 입양이 잘 이루어지는 나라가 아니지요. 그래서 우리나라의 아이들이 외국으로 입양을 가는 경우가 많았는데, 최근에는 의식이 많이 바뀌어 국내 입양도 늘어나고 있어요. 앞으로는 반드시 혈육으로만 이루어진 가족이 아니라, 이렇게 새로운 형태의 가족들이 점차 증가할 것이라고 하네요.

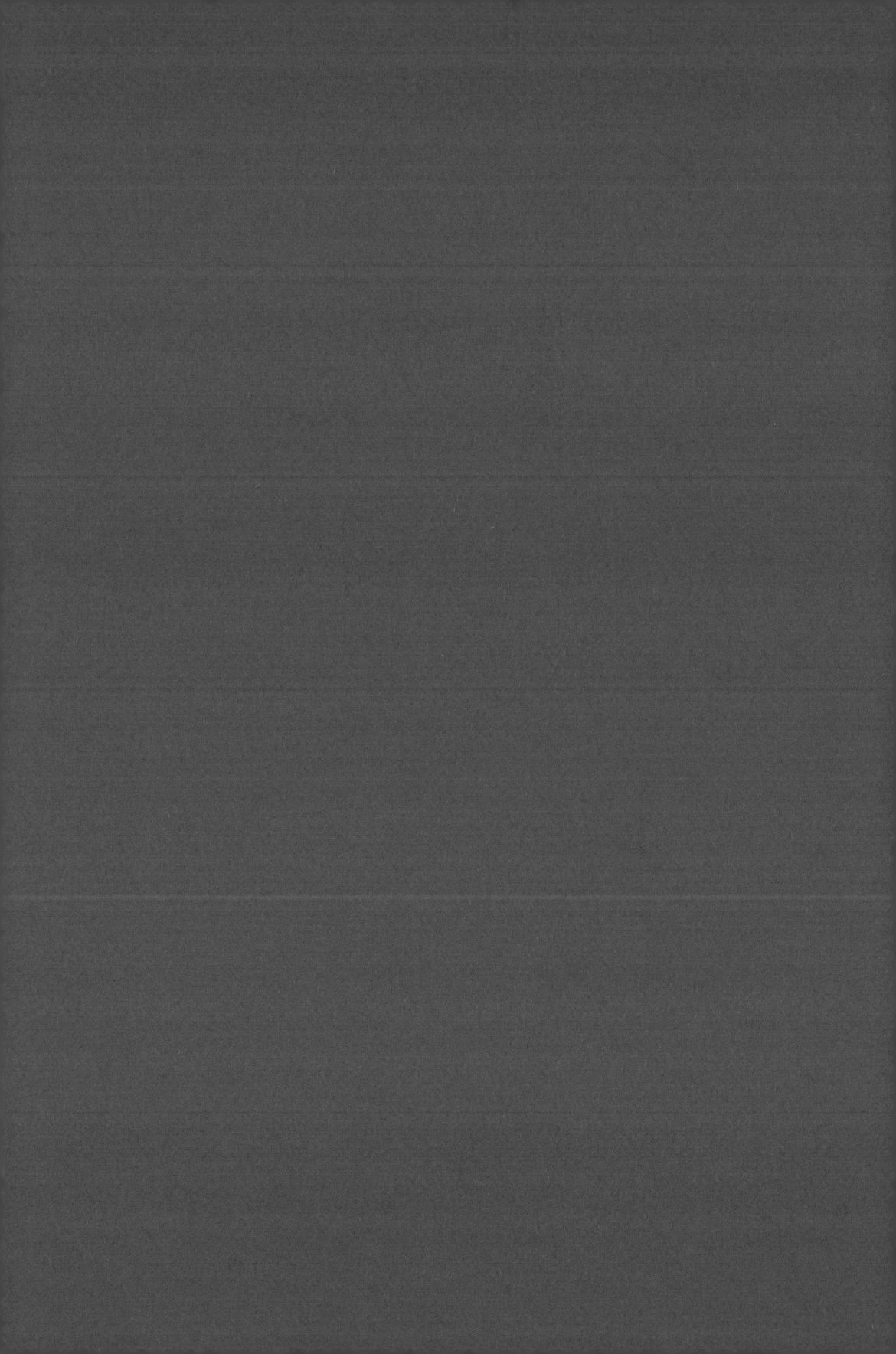